"OTORI KOTORI KOWAITORI TORITACHI NO YABAI SHINKA ZUKAN"
by Satoshi Kawasaki
Copyright © 2024 Satoshi Kawasaki
All rights reserved.
First published in Japan by Futami Shobo Publishing Co., Ltd.

This Korean edition is published by arrangement with Futami Shobo Publishing Co., Ltd., Tokyo in care of Tuttle-Mori Agency, Inc., Tokyo, through Eric Yang Agency, Seoul.

들어가며

새는 하늘을 나는 능력 덕분에 전 세계 어디에서나 볼 수 있습니다. 매일 우리가 가는 어느 곳에서든 참새나 까마귀처럼 다양한 새들을 쉽게 만날 수 있지요. 하지만 너무 자주 보여서 그런지, 새들이 얼마나 놀라운 생물인지 깊이 생각해보는 일은 드뭅니다.

아주 먼 옛날, 새의 조상은 하늘을 날지 못하는 동물이었습니다. 하지만 진화를 거치며 하늘을 나는 능력을 갖게 되었지요. 그때부터 새들은 넓은 바다든 험한 산이든 자유롭게 날아다니며 이동할 수 있게 되었습니다. 이런 능력은 생존에 큰 도움이 되었고, 그 덕분에 지금은 약 1만 종이나 되는 다양한 조류가 지구에 살고 있습니다. 참고로 포유류는 약 6,000종 정도니까, 새가 얼마나 번성했는지 느껴지지요?

하지만 하늘을 난다는 건 쉬운 일이 아닙니다. 중력을 이기고 날아야 하니, 몸에는 많은 부담이 생길 수밖에 없지요. 이 어려움을 이겨내기 위해 새들은 몸의 불필요한 부분을 줄이고, 꼭 필요한 부분만 남기는 방식으로 진화해 왔습니다. 그 결과 정말로 놀라울 만큼 효율적이고 가벼운 몸을 가지게 되었답니다.

이 책에서는 조류를 중심으로 약 100종의 동물들을 살펴보며, 새들의 신기한 몸 구조와 비행 능력의 비밀을 함께 알아볼 거예요. 비행 능력을 버리고 땅에서 살게 된 새들도 많은데, 서로 다른 환경에서 각자 어떻게 진화해 왔는지도 소개할 거예요. 여기에 재미있는 구애 행동과 다양한 생태 이야기까지! 이 책은 조류의 '엄청난' 비밀로 가득하답니다.

카와사키 사토시

목차

들어가며　003

시작하며 조류란?

조류는 악어의 친척?!　008
조류와 공룡은
희귀한 이족보행　009
깃털을 가진 도마뱀의 발견　010
날갯짓을 위해
필요한 근육과 용골돌기　011
대량의 산소를
에너지로 쓰기 위한 기관　012
비행을 위한 진화　013
먹이에 맞춰 변한 부리의 형태　014

제1장 하늘을 꿈꾼 파충류들

프테라노돈　016
페테이노사우루스　018
람포링쿠스　019
케찰코아틀루스　020
아르케옵테릭스(시조새)　022
미크로랍토르　024
콘푸시우소르니스(공자새)　025
이크티오르니스　026

제2장 날지 못하는 새들 -공포새-

켈렌켄　028
포루스라코스　030
가스토르니스　032
티타니스　034
드로모르니스　035
게니오르니스　036

제3장 대지를 달리는 새들

코끼리새　038
자이언트모아　040
타조　042
도도　044
큰화식조　046
카카포　047
에뮤　048
오키나와뜸부기　049
바위들꿩(뇌조)　050

제4장
하늘을 지배하는 새들

펠라고르니스 산데르시　052
아르겐타비스　054
하스트수리　056
검독수리　057
참수리　058
뿔매　060
독수리　061
안데스콘도르　062
솔개　063
매　064
말똥가리　066
관수리　067
벌매　068
뱀잡이수리　069
긴점박이올빼미　070
소쩍새　072

제5장
바다로 향한 새들

알바트로스　074
괭이갈매기　076
재갈매기　077
푸른발얼가니새　078
슴새　079
사다새　080
깍도요　082
아비　084
윌슨바다제비　085
논병아리　086
큰물떼새　087

뿔쇠오리　088
댕기바다오리　089
큰바다쇠오리　090
코페프테릭스　091
와이마누　092
아프리카펭귄　093
마카로니펭귄　094
젠투펭귄　096
턱끈펭귄　097
아델리펭귄　098
훔볼트펭귄　099
황제펭귄　100
임금펭귄　102

제6장
산골 마을의 들새들

동박새　104
멧새　106
섬휘파람새　107
종다리　108
오목눈이　109
박새　110
곤줄박이　111
큰유리새　112
유리딱새　113
황금새　114
굴뚝새　115
뻐꾸기　116
파랑새　118
개똥지빠귀　119
원앙　120
일본꿩　121
인도공작　122

중대백로 124
두루미 125
따오기 126
일본청딱다구리 128
물총새 130
꿀벌벌새 132

제7장
우리 주변의 새들과 남쪽 나라의 새들

참새 134
집비둘기 136
큰부리까마귀 138
제비 140
알락할미새 141

때까치 142
메추라기 143
닭 144
집오리 146
민물가마우지 148
사랑앵무 149
벚꽃모란앵무 150
금강앵무 151
왕관앵무 152
문조 153
카나리아 154
어깨걸이극락조 155
왕부리새 156
코뿔새 157
넓적부리황새 158
쿠바홍학 159

책을 보는 방법

- **[IUCN 멸종위기종 적색목록] 평가**
  LC=관심종, NT=준위협종, VU=취약종, EN=멸종위기종, CR=멸종위급종, EW=야생멸종, EX=멸종

- **게재된 종의 기초 정보**
  학명과 영어명 표기. 전체 길이(일부는 날개 편 길이), 서식 지역에 대해 정리했습니다.

- **종의 해설** 종의 특징을 담았습니다.

- **몸의 특징** 몸의 특징을 담았습니다. 특히 놀라운 특징에는 ⚠️ 라고 표시되어 있습니다.

- **생태의 특징** 생태 등에 있어 특징적인 내용을 담았습니다.

시작하며

조류란?

조류는 악어의 친척?! 엄청나

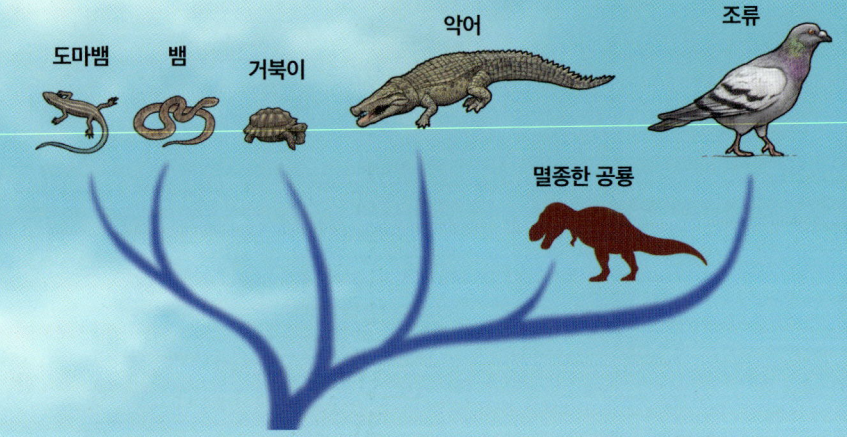

현재 지구에 사는 동물 가운데, 조류와 가장 가까운 친척은 놀랍게도 파충류인 악어입니다. 위의 그림을 보면 알 수 있듯이, 생김새나 모습은 전혀 닮지 않았지요. 가까운 친척인데 왜 이렇게까지 다를까요? 그 이유는 진화 과정 중간에 커다란 공백이 있었기 때문입니다.

그 커다란 공백은 바로 6,600만 년 전에 멸종한 것으로 알려진 '공룡'입니다. 먼 옛날 악어와 가까운 파충류에서 공룡으로 진화했고, 그 공룡 무리 가운데 일부가 약 1억 5,000만 년 전쯤 조류로 진화했다고 알려져 있답니다.

조류와 공룡은 희귀한 이족보행 엄청나

공룡이라고 하면 보통 '날카로운 이빨, 비늘로 덮인 피부, 긴 꼬리' 같은 파충류에 가까운 모습을 떠올리게 되지요. 그런데 사실 공룡은 생각보다 훨씬 다양했습니다. 몸길이가 30m 넘는 아주 큰 공룡부터 손바닥 위에 올릴 수 있을 만큼 작은 공룡까지 있었어요. 게다가 비늘이 깃털로 바뀌어 온몸이 털처럼 덮인 공룡도 있었답니다.

공룡의 가장 큰 특징이자, 지금의 파충류와 구별되는 중요한 차이점은 바로 두 다리로 걷는 이족보행입니다. 이건 새들과 공통된 점이지요. 물론 네 다리로 걷는 사족보행 공룡도 많았죠. 하지만 그들의 조상은 원래 두 다리로 걸었고, 진화하면서 네 다리 걷기로 바뀐 것으로 보고 있어요.

육지에 사는 대부분의 척추동물들, 그러니까 파충류나 양서류·포유류는 네 다리를 모두 사용해 걷습니다. 그런데 공룡과 새, 포유류 가운데서는 유일하게 인간만 이족보행을 하지요. 이족 보행을 하면 앞다리가 자유로워집니다. 걷는 데 앞다리를 쓰지 않아도 되니까요. 인간은 그 앞다리, 즉 팔로 물건을 들고, 쥐고, 다양한 일을 할 수 있게 되었지요. 한편, 앞다리가 자유로워진 공룡 중 일부는 그것을 날개로 바꾸며 조류로 진화하게 된 것입니다.

깃털을 가진 도마뱀의 발견 ⚠️ 엄청나

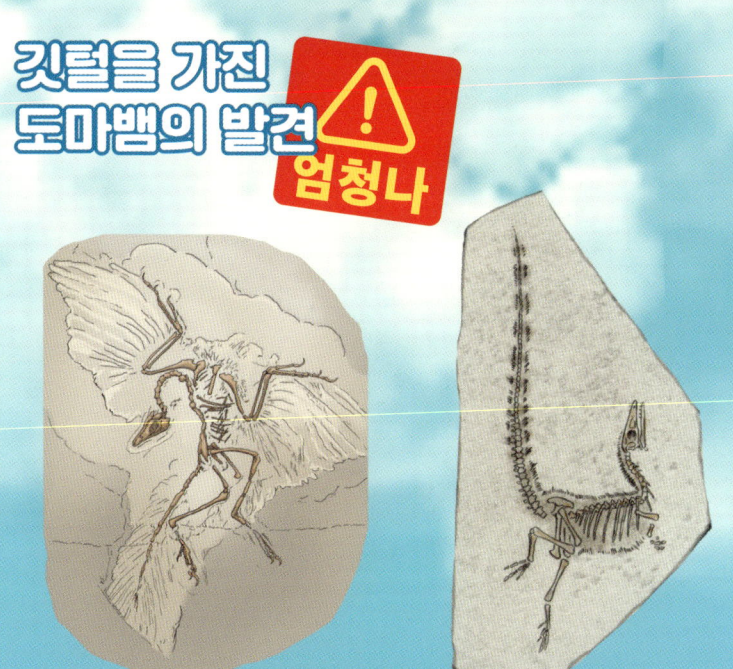

시조새의 화석 시노사우롭테릭스의 화석

깃털은 단순히 부드럽고 가볍기만 한 게 아니에요. 칼날처럼 생긴 날개깃은 하늘을 나는 데 큰 도움을 주고, 솜털 같은 깃털은 몸을 따뜻하게 만들어 줍니다. 또한 깃털에 묻은 기름 덕분에 물에도 잘 젖지 않지요. 이처럼 깃털은 여러 가지 중요한 기능을 가진 특별한 구조로 이뤄져 있습니다. 지금 지구에 살고 있는 동물 가운데 깃털을 가진 건 오직 조류뿐입니다.

가장 오래된 새로 알려진 '시조새'는 부리에 날카로운 이빨이 있고, 꼬리가 길어서 파충류하고 많이 닮았어요. 하지만 날개에 날카로운 모양의 날개깃이 붙어 있었다는 게 화석을 통해 밝혀졌지요. 깃털은 오직 조류에게만 있는 특징이죠. 그래서 시조새는 조류, 즉 새로 분류되었습니다. 그런데 1996년, '시노사우롭테릭스'라는 작은 공룡이 발견되었어요. 이 공룡은 화석에서 온몸이 깃털로 덮여 있었다는 사실이 확인되었지요. 그 뒤에도 몸에 깃털을 가진 '깃털공룡'들이 여러 번 발견되면서, 과학자들은 새로운 고민에 빠졌습니다. 도대체 어디까지가 공룡이고, 어디서부터가 조류일까요? 공룡과 조류의 경계가 점점 흐려지고 있는 것입니다.

날갯짓을 위해 필요한 근육과 용골돌기

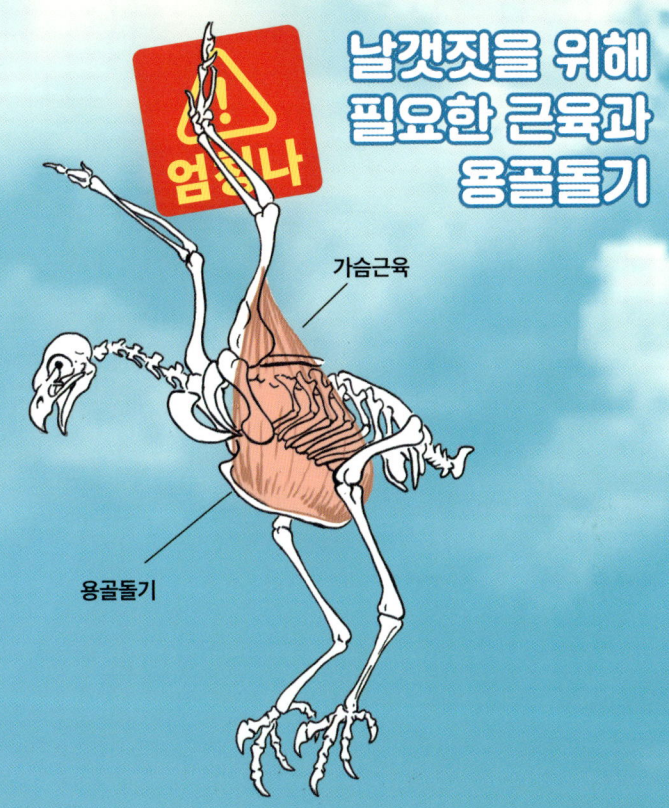

가슴근육

용골돌기

조류가 날개를 힘차게 퍼덕이며 하늘을 날기 위해선, 강한 근육이 꼭 필요합니다. 특히 날갯짓을 하려면 가슴 근육이 튼튼해야 해요. 그래서 조류는 가슴 근육이 아주 많이 발달해 있습니다. '새가슴'이라는 말이 있을 정도로 조류의 가슴은 앞으로 뾰족하게 튀어나와 있지요.

종에 따라 다르지만, 어떤 조류는 가슴 근육이 몸무게의 약 40%를 차지하기도 합니다. 또한 이 강한 가슴 근육을 단단히 붙잡아주는 뼈가 있습니다. 바로 '용골돌기'라고 부르는 뼈인데, 조류의 가슴뼈에서 아래쪽으로 튀어나와 있습니다.

하지만 시조새처럼 아주 오래된 초기 조류는 이 용골돌기가 발달하지 않아서 지금처럼 힘차게 날갯짓을 하긴 어려웠을 거예요. 또한 타조나 에뮤처럼 비행을 포기하고 땅에서 사는 조류는 진화 과정에서 용골돌기가 거의 사라졌습니다.

대량의 산소를 에너지로 쓰기 위한 기관

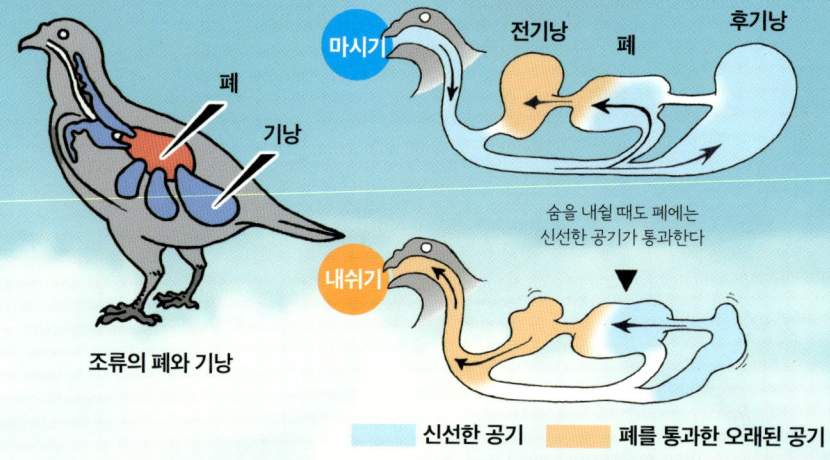

조류의 폐와 기낭

신선한 공기 / 폐를 통과한 오래된 공기

숨을 내쉴 때도 폐에는 신선한 공기가 통과한다

하늘을 날기 위해 날갯짓을 계속하는 건, 생각보다 아주 많은 에너지가 드는 일입니다. 그런데도 조류는 어떻게 그처럼 오래 힘차게 날 수 있을까요? 그건 '기낭(공기 주머니)'이라는 특별한 호흡 기관 덕분입니다.

우리 인간은 숨을 들이쉴 때 폐로 신선한 공기를 마시고, 내쉴 때는 오래된 공기를 밖으로 내보냅니다. 이것을 '왕복식 호흡'이라고 하지요. 하지만 조류는 숨을 들이쉴 때뿐만 아니라, 내쉴 때도 폐에 신선한 공기를 넣을 수 있는 '기낭 호흡'을 합니다.

조류의 몸속에는 숨을 마실 때 폐로 직접 가는 공기 통로와, 기낭으로 가는 또 다른 통로가 따로 있습니다. 숨을 내쉴 때는 그 기낭에 저장하고 있던 신선한 공기를 다시 폐로 내보내지요. 그래서 조류는 숨을 들이쉴 때와 내쉴 때 모두 폐에 신선한 공기를 공급받을 수 있습니다. 훨씬 더 효율적으로 산소를 얻는 것이지요.

이 '기낭'은 수각류★나 용각류★ 공룡들도 갖고 있었던 것으로 보입니다. 수각류가 뛰어난 운동 능력을 자랑하고, 용각류가 아주 큰 몸집으로 성장할 수 있었던 것도 이런 효율적인 호흡 덕분인지 몰라요.

★수각류 : 중생대 트라이아스기 말기에 분화한 이족보행하는 육식성 공룡류
★용각류 : 중생대 트라이아스기 말기에 분화한 사족보행하는 거대공룡으로 대개는 초식공룡

비행을 위한 진화

엄청나

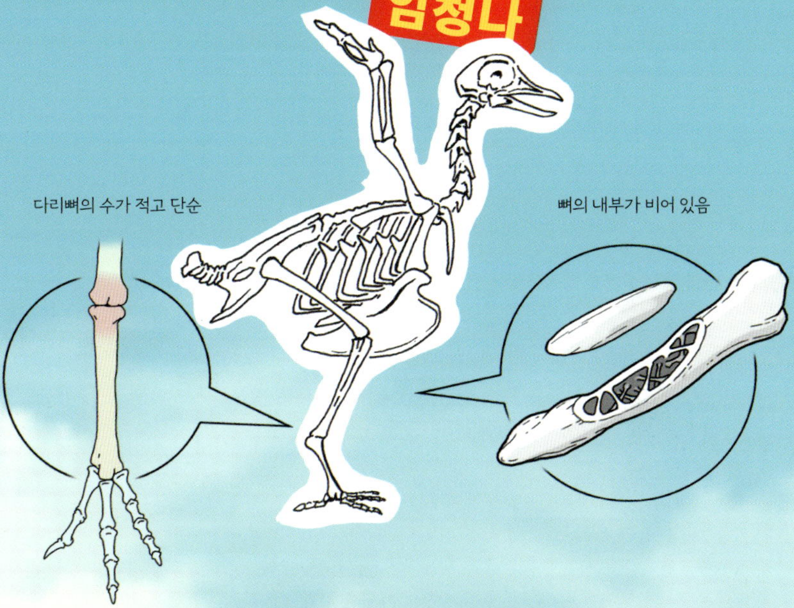

다리뼈의 수가 적고 단순

뼈의 내부가 비어 있음

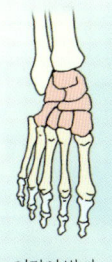

인간의 발뼈

조류는 하늘을 날기 위해, 몸을 가볍게 만드는 방향으로 다양하게 진화해 왔습니다. 가장 대표적인 특징이 바로 뼈입니다. 조류의 뼈는 얇고 속이 비어 있어 매우 가볍지요. 하지만 속이 비기만 하면 약해지겠지요? 그래서 조류의 뼈 안에는 수많은 가는 뼈들이 지지대처럼 촘촘히 얽혀 받쳐주며 단단함을 유지해줍니다.
또한 여러 개의 뼈가 하나로 합쳐지기도 해서 다른 동물보다 뼈의 개수가 적은 편입니다. 그리고 무겁고 단단한 이빨 대신, 가볍고 뾰족한 부리만 남기게 되었습니다. 이처럼 조류는 날기 위해 몸 전체를 가볍게 만들도록 다방면으로 진화해 왔습니다.

먹이에 맞춰 변한 부리의 형태

조류는 몸을 더 가볍게 만들기 위해, 무겁고 단단한 이빨을 버리고 가벼운 부리를 갖는 쪽으로 진화해 왔습니다. 그런데 조류는 고기를 먹는 종도 있고, 씨앗이나 과일, 꿀을 먹는 종도 있지요. 이처럼 식성이 다양하다 보니 부리의 모양도 먹이를 먹기 편한 형태로 다양하게 변화했습니다.

진화론을 주장한 과학자 찰스 다윈도 갈라파고스 제도에서 살펴본 작은 조류 '핀치'의 부리 형태가 서로 다른 것을 보고 생물의 진화를 떠올렸다고 해요.

예를 들어, 육식성 조류인 매나 수리는 먹이를 찢기 쉽게 부리 끝이 갈고리처럼 예리하게 휘어져 있어요. 꽃의 꿀을 먹는 벌새는 꽃 안쪽까지 쏙 들어갈 수 있도록 부리가 가늘고 길게 생겼고요. 이처럼 조류의 부리는 각자 먹이를 더 효과적으로 먹을 수 있도록 진화한 것이지요.

제 1 장
하늘을 꿈꾼 파충류들

프테라노돈

파충강 익룡목 프테라노돈과
학 *Pteranodon longiceps* / 영 Pteranodon

날개 편 길이: 7~9m
분포: 북아메리카

볏
볏이 매우 멋집니다. 그 역할은 구애나 위협, 비행 중 방향 키잡이 등 다양한 설이 있습니다.

이빨
프테라노돈은 파충류이지만 부리에 이빨이 없습니다. 진화한 익룡은 이빨이 퇴화되었습니다.

다양한 형태의 볏
프테라노돈은 여러 종류가 있으며, 종에 따라 볏의 모양이 다릅니다. 또한 같은 종이어도 볏의 크기가 다른데, 이는 암컷과 수컷의 차이라고 보는 견해도 있습니다.

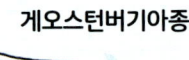
게오스턴버기아종

볏이 작은 것이 암컷?

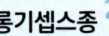
롱기셉스종

제1장 하늘을 꿈꾼 파충류들

날개의 막
조류처럼 깃털이 달리진 않았으며
박쥐 같은 막 모양의 피부가
날개 역할을 합니다.

하늘을 나는 파충류인 '익룡' 가운데 가장
대표적인 것이 프테라노돈입니다. 익룡은
'중생대'라는 시대에 현재의 조류처럼 하늘을
지배하던 종입니다. 익룡 중에서도 프테라노돈은
몸집이 크고 더 진화한 형태입니다.

프테라노돈 화석은 미국 내륙에서 주로
발견됩니다. 그 당시엔 그곳이 바다였기
때문에, 바다 위에서 물고기를 잡으며
살았던 것으로 보입니다.
프테라노돈은 그 크기 때문에 날갯짓을
하기보다는 상승기류를 타고 활강하는
알바트로스와 같은 방식으로 비행을
한 것으로 보입니다.

중생대의 북아메리카
프테라노돈이 살던 시대,
현재 북아메리카 대륙 내륙부는
바다였습니다.
프테라노돈은 이 바다 위에서
상승기류를 타고 날아다녔습니다.

페테이노사우루스

파충강 익룡목 디모르포돈과
학 *Peteinosaurus zambelli* / 영 Peteinosaurus

날개 편 길이: 약 60cm
분포: 유럽

꼬리
긴 꼬리는 곤충을 쫓을 때 빠르게 방향을 바꾸는 데 도움이 되었을지도 모릅니다.

날개
다른 익룡과 비교하면 몸에 비해 비교적 작은 날개를 갖고 있었습니다.

익룡은 약 2억 2,000만 년 전에 지구상에 처음 나타난, 날갯짓을 하며 하늘을 나는 최초의 척추동물이었습니다. '페테이노사우루스'는 초기 익룡 중 하나로 날개를 다 펼쳐도 길이가 약 60cm에 불과한 아주 작은 익룡이었습니다. 반면, 프레라노돈처럼 날개 길이가 6m를 넘어 가는 대형 익룡은 훨씬 나중에 등장하였습니다. 초기 익룡은 부리에 작고 날카로운 이빨이 달려 있었고 하늘을 날며 곤충을 잡아먹었던 것으로 보입니다.

가장 작은 익룡 중 하나
작은 몸에 비해 머리가 큰 편이었습니다. 날개를 펼친 길이가 약 60cm여서 전체 크기로 보면 약 55cm인 비둘기와 큰 차이가 없었습니다.

람포링쿠스

조룡강 익룡목 람포링쿠스과
- 학 *Rhamphorhynchus muensteri*
- 영 Rhamphorhynchus

전체 길이: 약 1.2m
분포: 유럽·아프리카

입 ⚠️엄청나
자라면서 주둥이(부리 부분)가 길어지고 이빨도 크고 예리해집니다.

꼬리
꼬리 끝의 막이 성장하면서 넓게 펴집니다. 마치 비행기의 꼬리날개 같은 모양이 됩니다.

람포링쿠스는 어린 개체부터 어른 개체까지 화석이 모두 발견된 익룡입니다. 성체의 경우, 날개를 펼쳤을 때 길이가 약 2m나 됩니다. 이 화석은 약 1억 5,000만 년 전 지층에서 발견되었는데, 이곳은 시조새 화석이 발견된 독일의 '졸른호펜 지층지대'의 연대와 동일합니다. 시조새는 초기 조류로 여겨지는데, 지금으로부터 약 1억 5,000만 년 전은 하늘을 무대로 익룡과 조류가 함께 살기 시작한 시기입니다.

두 종류의 익룡

익룡은 머리가 작고 꼬리가 긴 '람포링쿠스류'와 머리가 크고 꼬리가 짧은 '프테로닥틸루스류'가 있습니다.
둘 중 '람포링쿠스류'가 더 먼저 출현했습니다.

람포링쿠스류

프테로닥틸루스류

제1장 하늘을 꿈꾼 파충류들

케찰코아틀루스

조룡강 익룡목 아즈다르코과
- 학 *Quetzalcoatlus northropi*
- 영 Quetzalcoatlus

날개 편 길이: 11~12m
분포: 북아메리카

케찰코아틀루스는 날개를 펼친 길이가 10m가 넘는, 지금까지 발견된 생물 중 가장 큰 비행 생물입니다. 공룡이 번성하던 중생대 마지막 시기에 살았던 마지막 익룡이기도 합니다. 이 시기는 익룡이 점점 쇠퇴하고 하늘의 지배권이 조류에게 넘어가던 시기였습니다.

케찰코아틀루스의 생태는 아직 확실히 밝혀지지 않았습니다. 하지만 이 익룡의 화석이 내륙의 하천 퇴적 지층에서 발견되었고, 곧고 뾰족한 턱, 길지만 유연하지 않은 목, 그리고 튼튼한 뒷다리를 가진 체형을 바탕으로, 하천이나 습지의 얕은 물가에서 흙 속에 사는 작은 동물을 잡아먹었을 것으로 추정하고 있습니다. 이러한 생태는 황새와 비슷했을 가능성이 있습니다.

다리

길고 튼튼한 뒷다리와, 날개의 역할을 하는 앞다리까지 네 다리를 모두 이용해 땅 위를 걸어다닐 수 있었습니다.

제1장 하늘을 꿈꾼 파충류들

황새

케찰코아틀루스

주요 먹이

황새처럼 하천이나 늪지대의 얕은 여울에서 가재나 도마뱀, 개구리 같은 작은 동물을 곧고 뾰족한 입으로 쪼아 잡아먹었습니다.

목

목은 기린처럼 길었으며, 각 목뼈도 길어서 유연성은 많이 부족했을 것으로 보입니다.

사상 최대급의 익룡 ⚠ 엄청나

날개를 펼치면 11~12m나 되지만 익룡은 뼈 내부가 비어 있는 등 조류와 마찬가지로 몸이 가볍게 진화했습니다. 그래서 체중이 70kg 정도로 성인 남성의 표준 체중과 크게 다르지 않았을 것으로 보입니다.

11~12m

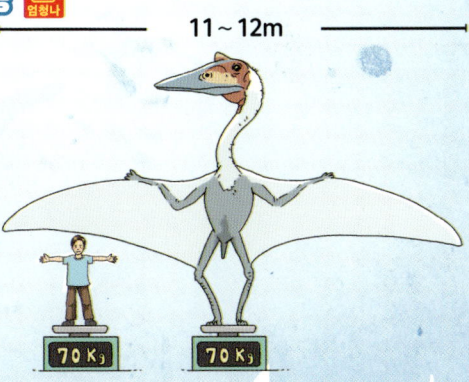

제1장 하늘을 꿈꾼 파충류들

아르케옵테릭스 (시조새)

조강 용반목 시조새과
학 *Archaeopteryx lithographica*
영 Archaeopteryx

전체 길이: 40~60cm
분포: 유럽

발톱
날개에는 날카로운 갈고리처럼 생긴 구조의 발가락 세 개가 달려 있었습니다.

이빨
부리에는 이빨이 달려 있었습니다.

약 1억 5,000만 년 전에 살았던, 까마귀 정도 크기의 시조새는 파충류와 조류의 특징을 모두 갖고 있었습니다. 현재의 조류와 마찬가지로 날개에는 비행에 도움이 되는 칼날 모양의 날개깃이 달려 있었지만, 날갯짓에 필요한 가슴 근육이 발달하지 않아 지금의 조류처럼 힘차게 날지는 못했을 것으로 추정됩니다. 또한 긴 꼬리와 부리에 달린 이빨 등 현재의 조류와는 다른 점도 여럿 발견됩니다.

아르케옵테릭스의 화석

원형이 잘 보존된 화석들이 자주 발굴되는 독일의 졸른호펜 퇴적암 층에서 다수 발견되었습니다. 현재까지 베를린 훔볼트대학 박물관에 보관된, 가장 완벽한 형태의 시조새 화석인 '베를린 표본'을 포함하여 총 열두 개의 골격 화석이 발굴되었습니다.

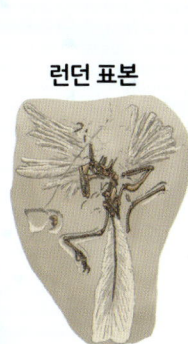

런던 표본

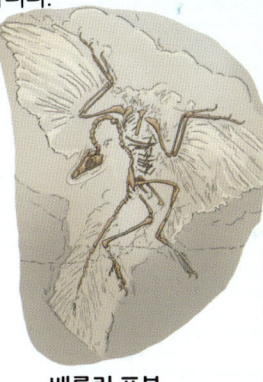

서모폴리스 표본

베를린 표본

깃털의 색깔

깃털 표본에서 '멜라닌 색소 (동물의 피부에 존재하는 갈색 혹은 검은색 색소)'가 발견되어, 깃털의 바깥쪽은 검은색이고 안쪽은 밝은색이었을 것으로 추정됩니다.

다섯 개의 날개를 가졌다?

뒷다리가 미크로랍토르처럼 날개 모양을 하고 있고, 긴 꼬리에도 깃털이 날개처럼 달려 있어 총 다섯 개의 날개를 가졌을 것으로 추정됩니다.

미크로랍토르

주룡강 용반목 드로마에오사우루스과
[학] *Microraptor gui* / [영] Microraptor

전체 길이: 50~80cm
분포: 중국

깃털의 색깔

깃털의 색깔은 광택이 도는 검은색으로 빛이 닿는 각도에 따라 무지개 색으로 빛났을 것으로 추측됩니다.

공룡에게도 조류처럼 깃털이 달려 있었다는 사실이 처음 확인된 것은 1996년에 발표된 '시노사우롭테릭스'라는 작은 공룡을 통해서였습니다. 이후 깃털을 가진 공룡 화석들이 잇따라 발견되었습니다. 특히 2003년에 발표된 미크로랍토르의 전신 화석에서는 뒷다리에도 깃털이 달려 있었던 흔적이 뚜렷이 확인되었습니다.
이 뒷다리의 깃털이 어떻게 사용되었는지는 아직 명확하지 않지만, 네 개의 날개를 이용해 복엽기처럼 비행했을 것이라는 설이 있습니다.

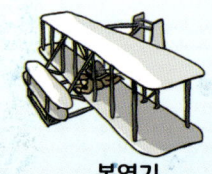

복엽기
(세계 최초의 비행기)

⚠️ 열형나 뒷다리에 깃털이 달려 있어 날개 모양을 갖추고 있었습니다

콘푸시우소르니스 (공자새)

용궁강 용반목 공자새과
- 학 *Confuciusornis sanctus*
- 영 Confuciusornis

전체 길이: 약 50cm
분포: 중국

꼬리깃

한 쌍의 긴 꼬리깃. 꼬리깃이 없는 개체도 발견되고 있어 수컷만 긴 꼬리깃을 갖고 있었던 것으로 추정됩니다.

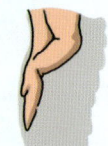

공자새의 손   **현대 조류의 손** (날갯죽지)

날개의 구조

날개에는 원시적인 구조의 손가락 세 개가 남아 있는 흔적이 있습니다.

약 1억 2,000만 년 전에 살았던, 비둘기만 한 크기의 원시적인 새입니다. 원시적이긴 하지만 아르케옵테릭스와 비교하면 현재의 조류에 더 가까운 모습을 하고 있습니다. 이빨이 없고 부리 모양을 갖추고 있으며 꼬리에 뼈가 없는 점 등에서 현재의 새와 매우 흡사합니다. 반면, 날개에 아직 발톱과 손가락이 남아 있다는 점은 현재의 새와 다른 특징입니다.

이크티오르니스

용궁강 용반목 이크티오르니스과
학 *Ichthyornis dispar* / 영 Ichthyornis

전체 길이: 약 60cm
분포: 북아메리카

물갈퀴
발가락 사이에 현재의 바닷새처럼 물갈퀴가 있었을 것으로 추정됩니다.

약 9,000만 년 전에 살았던 비둘기만한 크기의 새로 미국 내륙 지역에서 화석이 다수 발굴되고 있습니다.
이크티오르니스가 살던 당시 미국 내륙은 바다였기 때문에 갈매기나 슴새 같은 바닷새처럼 바다 위에서 물고기 등을 잡아먹으며 살았을 것으로 추정됩니다.
현재의 바닷새와 모습은 크게 다르지 않지만, 부리에 이빨이 있던 점이 다릅니다.

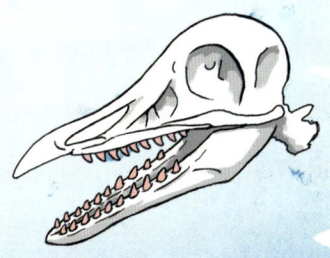

⚠ 엄청나 **이크티오르니스의 머리뼈**

제 2 장
날지 못하는 새들
- 공포새 -

켈렌켄

조강 느시사촌목 공포새과
학 *Kelenken guillermoi* / 영 Kelenken

전체 길이: 약 3m
분포: 남아메리카

머리 ⚠️ 엄청나

전후 길이가 70cm가 넘는 거대한 머리는 조류 가운데 가장 큽니다.

날개

날개는 있었던 것으로 보이지만, 매우 작아서 나는 데에는 거의 도움이 되지 않았을 것으로 추정됩니다.

약 1,500만 년 전, 다른 대륙과 바다로 막혀 고립되어 있던 남아메리카 대륙에서 서식했습니다. 지상성 맹금류로 불리는 공포새 중 가장 큰 종으로 머리까지의 높이가 약 3m에 이릅니다.
머리 길이는 70cm가 넘을 정도로 크며 독수리나 매처럼 끝이 날카롭게 굽은 갈고리 모양의 부리는 강력한 무기였습니다. 또한 발등에 해당하는 뼈가 길다는 특징으로 볼 때, 달리는 속도도 매우 빨랐을 것으로 추정됩니다.

먹이

켈렌켄과 같은 공포새과 조류는 달리기도 빨라 독수리나 매처럼 직접 사냥을 통해 먹이를 잡아먹는 적극적인 포식동물이었을 것으로 추정됩니다. 하지만 대머리독수리나 콘도르처럼 썩은 고기를 먹는 부식동물이었을 가능성도 함께 제기되고 있습니다.

독수리 같은 포식동물

콘도르 같은 부식동물

사냥에 사용한 발가락

600만 년 전 공포새과 조류의 발자국 화석이 발견되면서, 세 개의 발가락 중 두 개만 지면을 디디고 있었던 사실이 밝혀졌습니다. 지면에 닿지 않은 나머지 한 개의 발가락은 날카로운 발톱을 가지고 있어, 먹잇감을 눌러 제압하는 데 사용되었을 것으로 추정됩니다.

포루스라코스

조강 느시사촌목 공포새과
- 학 *Phorusrhacos longissimus*
- 영 Phorusrhacos

전체 길이: 약3m
분포: 남아메리카

날개
날개는 있었지만 매우 작아서 나는 데에는 도움이 되지 않았을 것으로 추정됩니다.

부리 ⚠️ 엄청나
부리 끝이 날카로운 갈고리 모양으로 독수리나 매의 부리를 크게 확대한 형태의 부리를 갖고 있었습니다.

남아메리카 대륙에 서식했던 지상성 맹금류입니다. 포루스라코스 부류는 공포새과 조류중에서도 육식 경향이 가장 강한 조류였을 것입니다.
독수리나 매처럼 달카로운 부리를 가졌으며 발톱도 예리해 사냥감을 잡는 데 적합했습니다.

생존경쟁

남아메리카 대륙에서 포루스라코스 부류의 경쟁 상대는 보르히아이나('힘센 하이에나'라 불리던 멸종된 포유동물)나 틸라코스밀루스(길고 뾰족한 송곳니를 가진, 오늘날의 재규어와 비슷한 멸종된 포유동물) 같은 육식성 유대류였습니다. 이들은 모두 육아주머니 속에서 새끼를 키우는 포유동물로, 포루스라코스가 멸종하기 전 먼저 사라졌는데 그 정확한 이유는 아직 밝혀지지 않았습니다.

약 3,000만 년 전 남아메리카 대륙은 북아메리카 대륙과 이어져있어서, 북아메리카에서 고양이과와 개과 육식동물들이 남쪽으로 이동해 내려오게 됩니다. 포루스라코스 부류는 이들과의 경쟁에서 밀려 멸종했을 것으로 추정됩니다.

제2장 날지 못하는 새들 ― 공포새 ―

가스토르니스

조강 가스토르니스목 가스토르니스과
학 *Gastornis gigantea* / **영** Gastornis

전체 길이: 약 2m
분포: 유럽·북아메리카

다리
굵고 묵직한 다리라 빨리 걷지는 못했을 것입니다.

발톱
발끝에 달린 발톱은 둥그런 발굽 같은 모양이었습니다.

공포새과에 속한 날지 못하는 지상성 조류입니다. 공룡이 멸종한 직후에 나타나 북아메리카와 유럽 등에 폭넓게 분포했습니다. 처음에는 멸종한 육식 공룡을 대신해 포유류를 공격하는 적극적인 포식자로 여겨졌지만, 부리와 발톱 모양을 볼 때 과일이나 나무 열매를 먹는 초식성 조류였다는 설도 있습니다.

부리의 차이

사나운 육식동물로 추정되던 가스토르니스는 독수리나 매처럼 부리 끝이 날카로운 갈고리 모양이 아닌 데다 발톱도 날카롭지 않아서 초식 조류였을 거라 여겨지게 되었습니다.

육식인 포루스라코스   **초식(?) 인 가스토르니스**

가스토르니스와 디아트리마

북아메리카의 가스토르니스는 한때 '디아트리마'라고 불렸지만, 유럽에서 발견된 가스토르니스와 생김새가 매우 흡사해 현재는 이 둘을 같은 종으로 보고 '가스토르니스'라는 이름으로 통합되었습니다.

가스토르니스   디아트리마

같은 종인가?

티타니스

조강 느시사촌목 공포새과
학 *Titanis walleri* / 영 Titanis

전체 길이: 약2.5m
분포: 북아메리카

제2장 날지 못하는 새들 - 공포새 -

⚠️ 엄청나 **북아메리카로 넘어간 유일한 포루스라코스의 한 종류**

북아메리카
남아메리카

부리

포루스라코스와 마찬가지로 독수리나 매처럼 거대한 부리를 갖고 있었던 것으로 추정됩니다.

지상성 맹금류 포루스라코스의 한 종류로, 약 200만 년 전까지 서식하였습니다. 다른 포루스라코스 부류와 마찬가지로 사냥감을 발톱으로 붙잡은 뒤, 날카롭고 거대한 부리로 찍어 먹는 육식 조류였던 것으로 추정됩니다.

드로모르니스

조강 기러기목 드로모르니스과
- 학 *Dromornis australis*
- 영 Dromornis

전체 길이: 약 3m
분포: 오스트레일리아

제2장 날지 못하는 새들 - 공포새 -

타조 다섯 마리보다 무겁다

다리
무거운 몸을 받쳐주는 튼튼한 다리였지만 빨리 뛰지는 못했습니다.

부리 ⚠ 엄청나
딱딱한 식물 줄기를 자를 수 있는 커다란 부리를 갖고 있었습니다.

지상성 조류이지만, 골격 형태를 볼 때 계통적으로는 오리류와 가까운 새입니다. 현재 가장 무거운 새는 체중이 100kg을 넘는 타조이지만 드로모르니스는 그보다 훨씬 무거워 약 500kg이 넘었을 것으로 추정되는 사상 최고로 무거운 새입니다. 강하고 큰 부리를 이용해 딱딱한 식물을 부숴 먹었을 것으로 보이는 초식 조류입니다.

게니오르니스

조강 기러기목 드로모르니스과
- 학 *Genyornis newtoni*
- 영 Genyornis

전체 길이: 약 2m
분포: 오스트레일리아

에뮤 다섯 마리보다 무겁다

다리

무거운 몸을 지탱하는 굵은 다리를 가졌고, 발등이 비교적 짧아 달리는 속도가 시속 20km 정도였을 것으로 추정됩니다. 반면, 다리가 가늘고 긴 에뮤는 시속 50km로 달릴 수 있습니다.

주로 오스트레일리아 남동부에 서식하며, 나뭇잎을 주로 섭취했던 초식 조류입니다. 지상성 조류로 같은 대륙에 서식하던 드로모르니스처럼 오리류와 유사한 새였습니다. 늦어도 약 30,000년 전, 오스트레일리아 대륙으로 이주한 인간의 영향으로 멸종한 것으로 추정됩니다. 현재 오스트레일리아에 서식하는 에뮤와 키는 비슷하지만, 체중은 에뮤가 약 50kg인 데 비해 게니오르니스는 약 275kg에 달했을 것으로 보입니다.

제 3 장

대지를 달리는 새들

코끼리새

조강 코끼리새목 코끼리새과
- 학 *Aepyornis maximus*
- 영 Elephant Bird

전체 길이: 약 3.4m
분포: 마다가스카르섬
(아프리카)

제3장 대지를 달리는 새들

날개
천적이 악어 정도밖에 없었던 환경 때문인지, 날개는 퇴화되어 작아지고 몸은 점점 거대해졌을 것으로 추정됩니다.

눈
부리가 시작되는 부리 기부에 눈이 위치하고 있습니다.

아프리카 마다가스카르섬에 살던 거대한 새입니다. 삼림 주변의 탁 트인 지역에 무리를 지어 살며 과일이나 풀, 나뭇잎 등을 먹고 지냈습니다. 17세기에 섬에 인간이 정착한 이후, 약 1840년경에 멸종한 것으로 추정됩니다. DNA 감정 결과 이 새는 뉴질랜드에 사는 키위와 가까운 친척 관계인 근연종인 것으로 밝혀졌습니다. '코끼리새'라는 이름처럼 체중은 약 500kg에 달했으며 더 무거웠을 가능성도 있습니다. 몸 높이는 최대 3.4m 정도였습니다.

다리
최중량급인 몸을 받치기 위해 굵고 튼튼한 다리를 갖고 있었습니다.

알의 크기 비교 ⚠️엄청나

코끼리새의 알 화석은 현재 몇 개가 남아 있습니다. 전체 길이가 약 33cm, 무게는 약 10kg으로 거대한 크기를 자랑합니다.

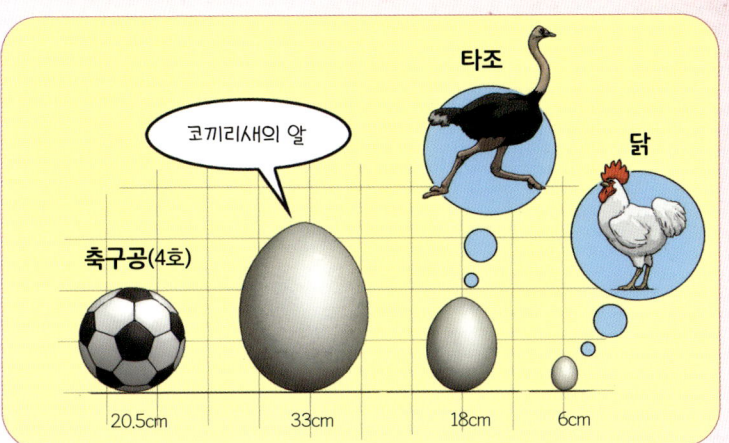

축구공(4호) 20.5cm / 코끼리새의 알 33cm / 타조 18cm / 닭 6cm

제3장 대지를 달리는 새들

전설의 새 로크의 모델

인도양과 중동 지역의 전설에 나오는 새 '로크'의 모델로 《천일야화(아라비안 나이트)》에도 등장합니다. 로크는 거대하고 힘이 세서 새끼의 먹이로 코끼리를 잡아채 날아갈 수도 있다고 합니다.

자이언트모아

조강 모아목 모아과
- 학 *Dinornis novaezealandiae*
- 영 Giant Moa

전체 길이: 약 3m
분포: 뉴질랜드

제3장 대지를 달리는 새들

뉴질랜드 북섬에 서식했던 타조와 비슷한 부류의 조류입니다. 타조보다 커서 머리까지의 높이가 3m 가까이 됩니다. 13세기에 마오리족 사람들이 섬에 들어오면서 식량으로 주로 사냥되었으며, 약 100년 후에는 대부분이 사라졌다고 추정하고 있습니다.

크기 ⚠️ 엄청나

머리까지의 높이가 약 3m에 이르는 키 큰 조류로 알려져 있습니다.

무게

체중은 200kg이 넘었으며, 무거운 몸을 지탱하기 위해 튼튼한 다리를 가지고 있었습니다.

모아의 크기, 수컷과 암컷의 차이

암컷이 수컷보다 훨씬 큽니다.
암컷의 키는 약 3m에 달했지만
수컷은 약 1.5m 정도였습니다.
알을 낳는 것은 암컷의 역할이었으며,
알을 품는 포란은 수컷이
담당했던 것으로
보입니다.

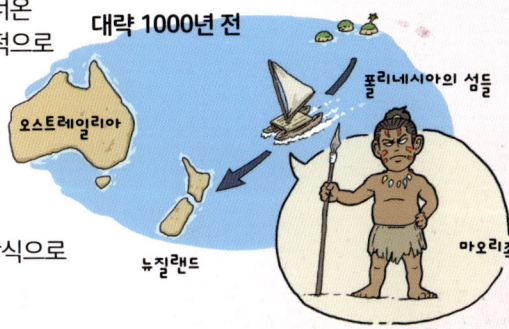

암컷은 크다

수컷은 작고
포란을 한다

마오리족의 모아 남획

폴리네시아의 섬에서 건너온
마오리족은 모아를 집중적으로
사냥했습니다.
모아의 다리를
곤봉 등으로 내리쳐
넘어뜨리거나, 작은 돌을
삼키는 습성을 이용해
불에 달군 돌을 먹이는 방식으로
사냥했다고 전해집니다.

대략 1000년 전

오스트레일리아
폴리네시아의 섬들
뉴질랜드
마오리족

퍽
억
비틀

두 다리로 서는 모아의
다리를 가격해 넘어뜨렸다

새의 습성을 이용해
달군 돌을 삼키게 했다

제3장 대지를 달리는 새들

타조

조강 타조목 타조과
학 *Struthio camelus* / 영 Ostrich

전체 길이: 2.1~2.75m
분포: 아프리카

제3장 대지를 달리는 새들

아프리카의 건조한 초원에 서식합니다. 현재 생존하는 조류 중 가장 크며 목을 곧게 세우면 높이는 약 2.5m, 체중은 100kg이 넘습니다. 몸이 무거워 하늘을 날 수는 없지만, 최고 시속 70km로 달릴 수 있습니다. 또한 매우 큰 눈을 갖고 있습니다.

깃털의 색깔

수컷의 깃털 색은 검으며 암컷은 갈색입니다. 수컷이 덩치가 더 큽니다.

다리

최고 시속 70km로 달릴 수 있는 튼튼하고 긴 다리를 갖고 있습니다.

타조는 안구도 크다

타조의 머리는 아주 작지만 그 안에 자리한 안구의 크기는 지름이 무려 5cm에 이릅니다. 원래 조류는 전반적으로 시력이 뛰어난 편이지만 타조는 그중에서도 특히 뛰어난 시력을 가진 것으로 알려져 있습니다.

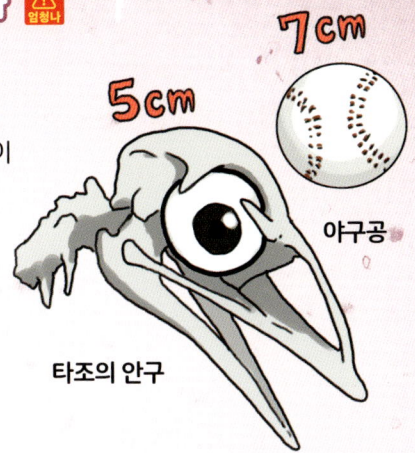

타조의 안구 / 야구공

타조의 발가락은 두 개

발가락이 두 개뿐이라는 점도 타조의 특징입니다. 발가락 수가 적은 만큼 지면을 차는 힘이 분산되지 않아 빠르게 달릴 수 있습니다.

구애의 춤

어른 수컷은 암컷의 관심을 끌기 위해 날개를 활짝 펼치고 쭈그려 앉은 채 몸을 비틀며 춤을 춥니다.

도도

조강 비둘기목 비둘기과
학 *Raphus cucullatus* / 영 Dodo

전체 길이: 수컷 약 65.8cm
암컷 약 62.6cm
분포: 모리셔스섬

제3장 대지를 달리는 새들

깃털
날개는 작고 퇴화되었습니다.
또한 북슬북슬한 꼬리깃이
있습니다.

인도양에 위치한 모리셔스섬에서
서식했던, 분류학상 비둘기과에 속하는
새입니다. 체중이 약 20kg에 이르는
땅딸막한 체형으로, 하늘을 날 수는
없었습니다. 천적이 없는
작은 섬에서 아장아장 걸으며
평화롭게 살았지만, 유럽에서 사람들이
들어오자 순식간에 멸종했습니다.

부리
부리는 튼튼하고 크며
구부러져 있었습니다.

도도가 사는 섬이 발견되다

유럽인이 모리셔스섬을 발견하면서 1600년경에 도도가 세상에 알려지게 되었습니다. '도도'라는 이름은 '아둔하다'는 의미를 담고 있으며 경계심 없이 아장아장 걷는 모습 때문에 그렇게 불리게 되었습니다.

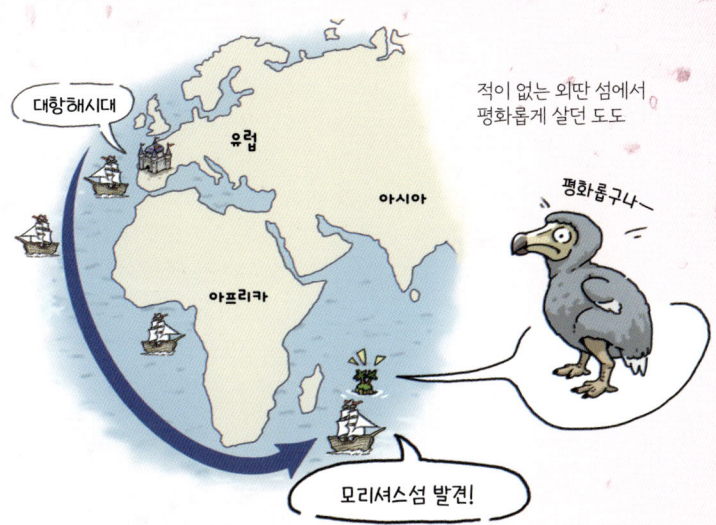

도도가 멸종한 원인

뱃사람들의 식량이 되었을 뿐만 아니라 사람들이 섬에 데려온 돼지와 고양이, 그리고 배에 몰래 타고 있던 쥐들이 도도의 알 등을 먹어치우면서 큰 위협을 받게 되었습니다. 이러한 영향으로 도도는 결국 1640년경에 완전히 사라지게 되었습니다.

큰화식조

조강 화식조목 화식조과
- 학 *Casuarius casuarius*
- 영 Southern Cassowary

전체 길이: 130~170cm
분포: 오스트레일리아·뉴기니

오스트레일리아 등지의 정글에 서식하는 날지 못하는 커다란 새입니다. 머리는 선명한 파란색과 빨간색을 띠며 피부가 딱딱하게 굳은 멋진 볏을 가지고 있습니다. 성격이 매우 사납고 다리에는 크고 날카로운 발톱이 달려 있어 세계에서 가장 위험한 새로 불리기도 합니다. 주로 과일을 먹으며, 섭취한 과일의 씨앗을 배설물과 함께 배출해 싹을 틔움으로써 숲을 유지하는 데 중요한 역할을 합니다.

목

빨갛게 처진 목살이 마치 불을 삼킨 것처럼 보이기 때문에 '불을 먹는 새'라는 뜻인 화식조라 불립니다.

달리기보단 무기로 사용되는 발가락

발가락

세 개의 발가락 중 가장 안쪽 발가락에는 크고 날카로운 발톱이 달려 있습니다. 달리기보다는 무기로 사용됩니다.

카카포

조강 앵무목 뉴질랜드앵무과
학 *Strigops habroptilus* / 영 Kakapo

전체 길이: 약 64cm
분포: 뉴질랜드

'올빼미앵무'라고도 불리는 이 새는 서식지인 뉴질랜드에 새의 천적이라 할 수 있는 중대형 포유류가 없어서 날기를 포기한 것으로 생각됩니다. 야행성으로 낮에는 바위틈이나 쓰러진 나무 밑에서 쉬고, 밤이 되면 과일 등을 찾아 지상을 돌아다닙니다.

제3장 대지를 달리는 새들

깃털의 색깔

깃털의 색깔은 초목에 몸을 잘 가릴 수 있는 황록색입니다.

달리기

날지 못하며, 날개는 달릴 때 균형을 잡는 데 사용합니다.

에뮤

조강 화식조목 화식조과
- 학 *Dromaius novaehollandiae*
- 영 Emu

전체 길이: 150~190cm
분포: 오스트레일리아

제3장 대지를 달리는 새들

⚠️ **엄청나** 타조처럼 날지 못하는 새입니다. 건조한 지역에 서식하며 물을 자주 마시기 때문에 물을 찾아 긴 거리를 이동합니다. 달리기 속도가 시속 50km나 되며 헤엄도 잘 친다고 합니다. 암컷은 녹색의 커다란 알을 낳는데 알을 품는 것은 수컷의 역할입니다. 얌전한 성격으로 사람을 잘 따르는 새입니다.

깃털
새끼일 때는 멧돼지 새끼처럼 줄무늬가 많아 몸을 숨기는데 도움이 됩니다.

날개
보풀보풀한 깃털에 덮여 날개는 거의 보이지 않습니다.

오키나와뜸부기

조강 두루미목 뜸부기과
학 *Hypotaenidia okinawae*
영 Okinawa Rail

전체 길이: 약 35cm
분포: 일본(오키나와)

오키나와뜸부기는 1981년에 일본 오키나와 본섬 숲에서 발견된 뜸부기 가운데 지상에서 생활하는 종입니다. 오키나와에서는 독사인 반시뱀을 잡기 위해 몽구스를 풀었지만 몽구스가 오히려 오키나와뜸부기를 잡아먹는 바람에 개체 수가 급격히 줄었습니다. 현재는 서식지가 북쪽으로 밀려나 멸종이 우려되고 있습니다.

북쪽으로 내몰리는 오키나와뜸부기의 서식지

제3장 대지를 달리는 새들

다리

걸으며 생활하는 오키나와뜸부기는 다리가 매우 튼튼합니다.

바위들꿩(뇌조)

조강 닭목 들꿩과
[학] *Lagopus muta* / [영] Rock Ptarmigan

전체 길이: 약 37cm
분포: 일본, 북반구 북부

제3장 대지를 달리는 새들

육관
눈 위에 빨간 혹 모양의 볏이 있습니다.

벼락이 칠 것 같은 날씨에 자주 보여 '뇌조(雷鳥)'라고도 불립니다. 겨울철에는 키가 작은 나무의 잎이나 이끼를 먹고 눈 속에 굴을 파고 들어가 추위를 견딥니다. 보통 여름에 6~7개의 알을 낳습니다.

깃털
1년에 세 번, 여름, 가을, 겨울에 깃털갈이를 합니다. 겨울철이 되면 깃털색은 새하얗게 변합니다.

여름깃털(수컷)

깃털로 뒤덮인 다리와 발가락
⚠️ 엄청나

추위에 강한 바위들꿩은 발가락 끝까지 깃털로 뒤덮여 있습니다.

050

제 4 장
하늘을 지배하는 새들

펠라고르니스 산데르시

조강 오돈톱테릭스목 펠라고르니스과

학 *Pelagornis sanderi*

영 Pelagornis Sandersi

날개 편 길이: 약 6~7m

분포: 북아메리카

제4장 하늘을 지배하는 새들

부리
부리에 마치 이빨처럼
돌기가 달려 있었습니다.

골질치 조류란

공룡이 살던 시대에는 실제로 이빨이 달린 새가 존재했습니다.
그런데 펠라고르니스도 겉보기에는 이빨이 달린 것처럼 보이지만
실제로는 이빨이 아니라 부리에 있는 날카로운 돌기입니다.
이렇게 돌기 형태의 부리를 가진 새를 '골질치 조류'라고 합니다.

면 옛날의 새
이빨이 달린 것도 있었다

골질치 조류
부리 끝에 돌기가 달려 이빨 같은 역할을 했다

지금의 새

날개

알바트로스처럼 가늘고 긴 날개를 갖고 있었습니다.

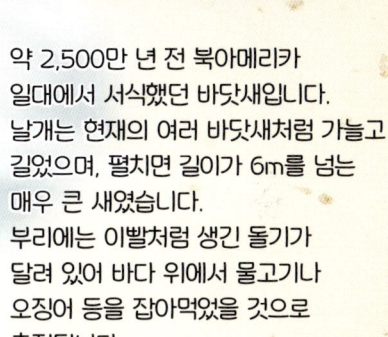

약 2,500만 년 전 북아메리카 일대에서 서식했던 바닷새입니다. 날개는 현재의 여러 바닷새처럼 가늘고 길었으며, 펼치면 길이가 6m를 넘는 매우 큰 새였습니다.
부리에는 이빨처럼 생긴 돌기가 달려 있어 바다 위에서 물고기나 오징어 등을 잡아먹었을 것으로 추정됩니다.

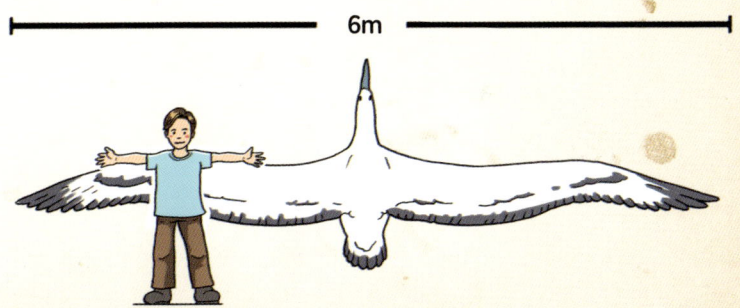

6m

초대형 조류 ⚠️ 엄청나

가늘고 긴 날개를 펼치면 그 길이가 6m에 달해 알바트로스보다 두 배는 깁니다. 하늘을 나는 새 중에서는 가장 크다고 합니다.

제4장 하늘을 지배하는 새들

아르겐타비스

조강 수리목 테라토르니스과
학 *Argentavis magnificens*
영 Argentavis

날개 편 길이: 약 5m
분포: 아르헨티나

날개를 편 길이

날개를 펼친 길이가 5m 혹은 7m로 추정값에 차이가 있습니다.

전설 속 새의 모델?

북아메리카의 원주민들은 '천둥새(선더버드)'라고 불리는, 번개를 쏘는 거대한 독수리 전설을 믿었습니다. 이 새는 토템폴(북아메리카 원주민이 집 앞이나 묘지에 세우던 기둥 모양의 나무조각) 위에 장식되기도 합니다. 어쩌면 이 천둥새의 모델이 아르겐타비스였을지도 모릅니다.

천둥과 번개를 쏟아대는 천둥새

최대급의 맹금류 ⚠️엄청나

날개를 펼치면 길이가 약 5m에 달했을 것으로 추정됩니다. 현재 하늘을 나는 조류 중 가장 큰 안데스콘도르의 날개 길이가 약 3m이니 그것보다 훨씬 큰 셈입니다.

제4장 하늘을 지배하는 새들

펼친 날개 길이가 약 5m에 달하는, 거대한 콘도르 같은 맹금류였을 것으로 추정됩니다. 약 900만~700만 년 전쯤 남아메리카에서 서식했으며, 지상성 맹금류인 포루스라코스류가 먹다 남긴 먹이를 하늘에서 찾아다녔다는 설과 스스로 적극적으로 먹잇감을 사냥했다는 설이 함께 전해지고 있습니다.

하스트수리

조강 수리목 수리과
Ⓗ *Hieraaetus moorei* / Ⓔ Haast's Eagle

날개 편 길이: 약 3m
분포: 뉴질랜드

체중

몸의 크기에 비례해 체중이 많이 나가 약 14kg에 달하는 중량급 조류였습니다.

하스트수리는 1500년경까지 뉴질랜드에 서식했던 새입니다. 날개를 펼치면 길이가 약 3m에 달해 당시 가장 거대한 동물이었던 자이언트모아의 유일한 천적이었다고 전해집니다. 자이언트모아가 멸종한 뒤 먹잇감을 잃은 하스트수리 역시 오래지 않아 멸종했을 것으로 추정됩니다.

발톱 ⚠️ 엄청나

커다란 발톱으로 자이언트모아의 새끼나 키위 등을 잡아먹었습니다.

제4장 하늘을 지배하는 새들

검독수리

조강 수리목 수리과
학 *Aquila chrysaetos* / 영 Golden Eagle

전체 길이: 수컷 약 81cm
암컷 약 89cm
분포: 북반구 북부

지구 북반구 초원 등지에 넓게 서식하는 수리과 조류입니다. 산악지역에 서식하며 산토끼나 산새, 뱀 등을 잡아먹습니다.

시력 ⚠️엄청나

검독수리는 인간보다 8~10배나 뛰어난 시력을 가지고 있어 1km 떨어진 곳에서도 사냥감을 발견할 수 있다고 합니다.

깃털의 색깔

머리와 목 뒤가 금색을 띠고 있어 영어로는 골든이글(Golden Eagle)이라고 부릅니다.

일본 요괴 텐구의 모델?

일본 설화에는 반은 사람이고 반은 새의 모습을 한 '텐구'라는 상상속 요괴가 종종 등장합니다. 텐구는 먼 옛날, 벼락이 쳤을 때 하늘에서 떨어진 날개 달린 개의 형상을 한 신통력을 지닌 존재로 묘사됩니다. 이 텐구의 모델이 바로 검독수리였다는 설이 있습니다.

텐구

텐구는 손에 든 부채로 바람을 일으킨다고 한다

제4장 하늘을 지배하는 새들

LC NT **VU** EN CR EW EX

참수리

조강 수리목 수리과
- 학 *Haliaeetus pelagicus*
- 영 Steller's Sea Eagle

전체 길이: 수컷 약 88cm
암컷 약 102cm
분포: 동아시아·러시아 극동

날개를 펼치면 2.5m나 되는 대형 수리입니다. 번식지가 러시아 오호츠크해 연안으로 한정되어 있어 매우 진귀한 종으로 알려져 있으며 겨울에는 월동을 위해 남쪽으로 이동합니다. 주로 해안 부근에서 발견되어 '바다수리'라고도 불리며 어류를 주식으로 삼지만 바닷새나 바다표범 등의 사체도 먹습니다.

제4장 하늘을 지배하는 새들

부리
크고 또렷한 노란색 부리가 특징적입니다.

몸의 색
몸은 대개 검은색이지만 이마, 어깻죽지, 다리, 꼬리깃털 등이 흰색입니다.

제4장 하늘을 지배하는 새들

먹잇감을 사냥하는 몸

매와 수리과 조류는 스스로 먹이를 사냥해 먹는 육식성 조류입니다. 부리는 날카롭고 아래로 굽어 있어 살을 찢는 데 유리하며, 사냥감을 낚아채는 다리의 힘도 매우 강해 사냥에 적합한 신체 구조를 갖추고 있습니다.

바다수리의 친구

참수리와 같은 바다수리류는 바닷가나 강가, 호숫가 등 물가에 서식하며 어류를 주식으로 삼는 수리를 말합니다.
바다수리류에는 흰꼬리수리, 흰머리수리, 아프리카바다수리 등이 포함됩니다.

흰머리수리

흰꼬리수리

아프리카바다수리

059

뿔매

조강 수리목 수리과
학 *Nisaetus nipalensis*
영 Mountain Hawk Eagle

전체 길이: 수컷 약 72cm
암컷 약 80cm
분포: 동아시아

제4장 하늘을 지배하는 새들

깊은 숲 속에 살며 '숲의 왕자'라 불립니다. 나뭇가지 위에 몸을 숨긴 채 숲속을 관찰하다가 산토끼나 산새 같은 사냥감을 기다리다 낚아챕니다. 일반적으로 매와 수리의 구분은 몸집에 따라 나뉘며 몸집이 작은 종을 '매', 큰 종을 '수리'라고 부릅니다. 뿔매는 매라는 이름을 가졌지만, 수리라 불러도 될 만큼 몸집이 큰 종입니다. ⚠ 엄청나

각졌다

머리깃

머리 뒤쪽으로 뿔처럼 솟아있는 각진 머리깃 때문에 '뿔매'라는 이름을 갖게 되었습니다.

독수리

조강 수리목 수리과
- 학 *Aegypius monachus*
- 영 Cinereous Vulture

전체 길이: 100~110cm
분포: 유럽 남부·중앙아시아

유라시아 대륙의 건조한 초원이나 고지대에 서식하는 대형 독수리로 날개를 펼치면 길이가 3m에 달합니다. 겨울이 되면 우리나라를 찾아오는 겨울철새이기도 합니다.
오랜 시간 하늘을 날며 죽은 동물을 찾아 먹으며 때로는 소형 포유류를 사냥하기도 합니다.

제4장 하늘을 지배하는 새들

머리

'대머리독수리'라는 별명이 있지만 실제로 머리는 짧고 부드러운 털로 덮여 있어 완전히 대머리는 아닙니다.

목의 깃털

목은 복슬복슬한 목도리처럼 생긴 깃털로 덮여 있습니다.

썩은 고기를 먹어도 위장에서 나오는 강한 산이 세균을 죽인다

엄청나

LC NT **VU** EN CR EW EX

안데스콘도르

조강 수리목 콘도르과
학 *Vultur gryphus* / 영 Andean Condor

전체 길이: 약 100~130cm
분포: 남아메리카

제4장 하늘을 지배하는 새들

날개를 펼치면 3m가 넘는 매우 큰 새입니다. 커다란 날개 덕분에 자주 날갯짓을 하지 않아도 기류를 타고 장시간 비행할 수 있으며 이를 통해 넓은 지역을 돌아다니며 먹이인 동물의 사체를 찾을 수 있습니다.

비행 방법 ⚠️ 엄청나

폭이 넓고 큰 날개 덕분에 날갯짓을 많이 안 해도 오랫동안 비행할 수 있습니다.

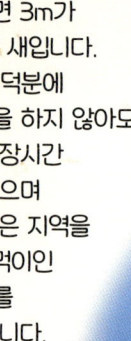

머리의 깃털

독수리처럼 머리에 깃털이 없습니다.

머리는 좀 더러워져도 괜찮아!

쑥!

머리깃이 없어서 좋은 점

머리에 깃털이 없기 때문에 동물의 사체를 먹을 때 머리를 깊숙이 집어넣어도 피나 오물로 깃털이 더러워지지 않습니다.

솔개

조강 수리목 수리과
학 *Milvus migrans* / 영 Black Kite

전체 길이: 수컷 약 59cm
암컷 약 69cm
분포: 유라시아대륙·아프리카·오스트레일리아

제4장 하늘을 지배하는 새들

날개 ⚠ 엄청나

기류를 타고 높이 올라갈 수 있는 폭이 넓은 날개를 갖고 있습니다.

꼬리깃

비행할 때는 삼각형으로 펼칩니다.

원을 그리며 날아오른다

'소리개'라고도 불리며 특유의 날카로운 울음소리가 유명합니다. 날갯짓을 거의 하지 않고 상승기류를 타고 높이 날아오른 뒤, 사냥감을 발견하면 단숨에 하강해 낚아챕니다. 솔개는 발의 힘이 매나 수리에 비해 약하기 때문에 주로 죽은 동물이나 지렁이, 곤충, 설치류, 어린 토끼 등 작은 동물을 사냥합니다.

매

조강 매목 매과
- 학 *Falco peregrinus*
- 영 Peregrine Falcon

전체 길이: 수컷 약 42cm
암컷 약 49cm
분포: 유라시아·아프리카·오스트레일리아·남북 아메리카

제4장 하늘을 지배하는 새들

고속 비행
가늘고 끝이 뾰족한 날개를 접고 꼬리깃도 오무려 고속 비행을 할 수 있습니다.

멸종 위기
우리나라에서는 천연기념물이자 환경부 지정 멸종위기야생조류 2급으로 지정하여 보호하고 있습니다.

빠르게 하늘을 나는 새로 유명하며 급강하할 때의 속도는 시속 350km를 넘습니다. 이 놀라운 고속 비행 능력을 이용해 다른 새를 뒤쫓아 사냥합니다. 사냥감을 붙잡는 튼튼한 다리와 날카롭고 구부러진 부리를 가지고 있어 한때 매를 수리와 같은 집단으로 분류하기도 했지만, 현재는 매과와 수리과를 별개의 집단으로 나누어 분류하고 있습니다.

공중에서의 사냥

비행 능력이 뛰어난 매는 새를 먹잇감으로 삼기 때문에 공중전에 매우 강합니다. 아래쪽을 날아가는 먹잇감을 향해 급강하하며, 속도가 충분히 붙으면 사냥감을 발로 차 공격합니다. 이때 먹잇감이 즉사하거나 기절해 떨어지면, 날카로운 발톱으로 공중에서 재빨리 낚아챕니다.

수리과와 다른 매의 특징적인 날개

매의 날개는 끝이 뾰족하게 생겨 공기 저항이 적고 고속 비행에 적합한 형태입니다. 반면, 날개 끝 깃털이 손가락처럼 갈라져 있는 독수리나 솔개 같은 수리과 조류는 빠르지는 않지만 오랜 시간 동안 활공하며 비행할 수 있습니다.

말똥가리

조강 수리목 수리과
- 학 *Buteo japonicus*
- 영 Eastern Buzzard

전체 길이: 수컷 약 52cm
암컷 약 57cm
분포: 동아시아

제4장 하늘을 지배하는 새들

몸의 색

등은 갈색이고 배에는 흰색과 갈색의 얼룩무늬가 어우러져 있습니다. 이름인 '말똥가리'는 배 부분의 색이 말똥과 비슷해서 붙여졌다는 설과 눈을 말똥말똥 뜨고 있는 모습에서 유래했다는 설이 있습니다.

말똥가리는 높은 나무 위에서 뛰어내린 뒤 들판을 쓸 듯이 지면 가까이 바짝 붙어 나는 독특한 비행 방식을 보입니다. 바람을 타고 공중에 정지하듯 떠 있다가 먹잇감을 발견하면 즉시 급강하해 사냥하는 뛰어난 사냥 능력을 지닌 새입니다.

먼저 갈게요—

저공비행

먹잇감의 눈에 띄지 않기 위해 낮게 나는 것으로 추정됩니다.

관수리

조강 수리목 수리과
- 학 *Spilornis cheela*
- 영 Crested Serpent Eagle

전체 길이: 약 55cm
분포: 일본(오키나와)·인도·동남아시아·중국 남부·타이완

사냥
나무나 전봇대 위에 앉아 뱀이나 개구리, 가재 등이 나타나길 기다립니다.

흥분했어!

머리깃 ⚠엄청나
머리에 긴 깃털이 있는데 흥분하면 곤두서서 왕관 같은 모양이 됩니다.

인도, 스리랑카, 대만, 필리핀 동부, 중국 남부 등 주로 동남아시아같이 더운 지역에 많이 서식하고 있습니다. 양서류, 파충류, 게 등의 갑각류를 잡아먹으며, 특히 뱀을 좋아합니다. 번식기에 울음소리가 매우 크고 시끄럽습니다. 암수가 함께 물가의 나무 위에 마른 가지와 나뭇잎을 쌓아 둥지를 만들며, 한 번에 한 개의 알을 낳습니다.

제4장 하늘을 지배하는 새들

벌매

조강 수리목 수리과
- 학 *Pernis ptilorhynchus*
- 영 Oriental Honey Buzzard

전체 길이: 수컷 약 57cm
            암컷 약 61cm
분포: 한국·일본·뉴질랜드 동부·
중국 동북부·인도·동남아시아

제4장 하늘을 지배하는 새들

주로 벌을 잡아먹는 독특한 식성을 가진 수리로 땅 속에 있는 말벌 집을 발로 캐내어 벌이나 애벌레를 잡아먹습니다. 벌들의 공격에도 두꺼운 피부와 깃털 덕분에 벌침의 영향을 거의 받지 않습니다.

다리
벌집을 캐내는 다리는 비슷한 크기의 다른 매보다 큽니다.

벌을 좋아하는 수리 ⚠ 엄청나

육추기간(조류가 새끼를 키우는 기간)이 짧아서 영양가 높은 벌의 유충을 새끼에게 주는 것으로 추정됩니다.

안 꽂혀

뱀잡이수리

조강 수리목 뱀잡이수리과
- 학 *Sagittarius serpentarius*
- 영 Secretary Bird

전체 길이: 약 125~150cm
분포: 아프리카 중남부

머리
검은색의 긴 머리깃을 갖고 있으며, 눈에는 긴 속눈썹이 달려 있습니다.

아프리카 사바나에 서식하며 맹금류 중에서도 특이하게 땅 위를 걸어 다니며 오랜 시간을 보냅니다. 주로 지상에서 생활하지만, 날개를 펼치면 길이가 약 2m에 달해 하늘을 날 수도 있습니다. 그 이름처럼 뱀을 잡아먹는 수리인데 실제로는 뱀뿐만 아니라 메뚜기나 쥐 등 다양한 작은 동물들을 사냥합니다.

에잇!

체형
다리가 가늘고 길며 매우 날씬합니다.

제4장 하늘을 지배하는 새들

긴점박이올빼미

조강 올빼미목 올빼미과
[학] *Strix uralensis* / [영] Ural Owl

전체 길이: 약 50cm
분포: 한국·일본(큐슈 이북)·유라시아

눈
정면을 향해 난 커다란 눈은 어두운 곳에서도 사물을 잘 볼 수 있습니다.

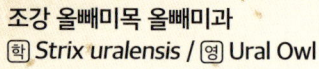

다리
발가락까지 깃털이 돋아 있습니다.

밤의 사냥꾼이라고도 불리며 어두운 곳에서도 생쥐 등의 먹잇감을 잘 사냥합니다. 얼굴은 평평하고 눈이 정면을 향해 있어 마치 사람처럼 보이는데, 이는 야간 생활에 적응하면서 진화한 형태로 추정됩니다.

정면을 향해 있는 얼굴

평평한 얼굴은 어두운 밤에 접시모양 안테나처럼 소리를 모아 먹잇감이 내는 아주 작은 소리도 놓치지 않습니다. 또한 귓구멍의 위치가 오른쪽과 왼쪽이 달라 양쪽 귀에 소리가 도달하는 시간 차이를 이용해 소리가 나는 방향과 거리를 정확히 파악할 수 있다고 합니다. 게다가 목은 좌우 각각 최대 270도까지 회전할 수 있는데 정면을 향해 난 눈으로는 볼 수 없는 뒤쪽도 주의 깊게 살필 수 있도록 진화한 결과로 여겨집니다.

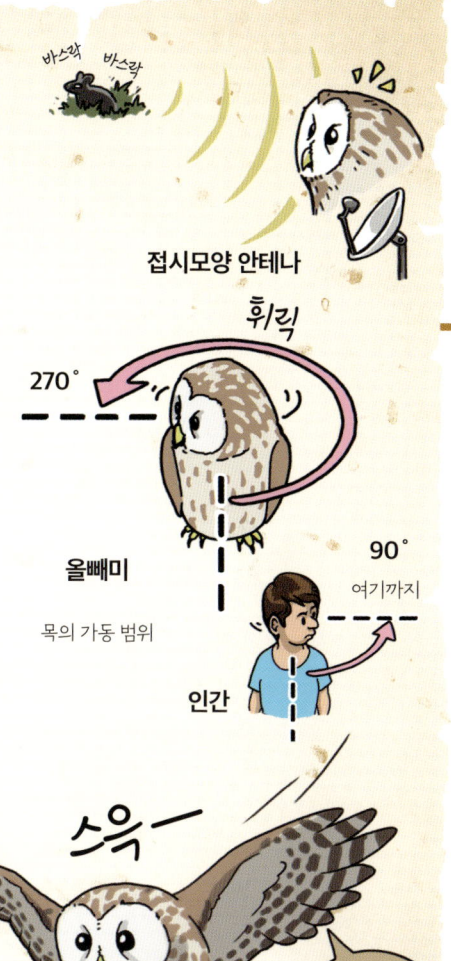

날개의 깃털

날개 깃털 끝은 톱처럼 작게 갈라져 있어 날갯짓하는 소리나 바람을 가르는 소리가 거의 나지 않습니다. 이 덕분에 먹잇감에게 들키지 않고 가까이 접근할 수 있습니다.

제4장 하늘을 지배하는 새들

소쩍새

조강 올빼미목 올빼미과
학 *Otus sunia* / 영 Oriental Scops Owl

전체 길이: 약 20cm
분포: 한국·일본·인도·동남아시아·중국 동부

제4장 하늘을 지배하는 새들

참새의 두 배 정도 되는 크기를 갖는 소형 올빼미 종류입니다.
숲속에서 밤에 활동하며 날아다니는 곤충 등을 잡아먹습니다.
'소쩍~소쩍~'하는 독특한 소리로 웁니다.

귀깃
머리에 귀처럼 생긴 긴 깃털이 한 쌍 돋아 있습니다.

사실은 날씬해요

몸의 모양
몸이 낙엽처럼 생겨서 일본에서는 '나뭇잎올빼미'라고 불리기도 합니다.

⚠ 엄청나 깃털을 움츠리면 매우 날씬해진다

072

제 5 장

바다로 향한 새들

알바트로스

조강 슴새목 알바트로스과
- 학 *Phoebastria albatrus*
- 영 Short-tailed Albatross

전체 길이: 약 91cm
분포: 북태평양

몸집이 매우 큰 바닷새입니다. 남반구에 사는 가장 큰 종류인 나그네알바트로스는 날개를 펼쳤을 때 무려 3.5m에 이르며 일본 근해에 서식하는 알바트로스도 약 2m에 달합니다. 크고 가늘며 긴 날개 덕분에 거의 날갯짓을 하지 않아도 글라이더처럼 바람을 타며, 적은 에너지로 긴 거리를 날 수 있습니다.

날개
가늘고 긴 날개로 바람을 타고 먼 거리를 비행합니다.

몸의 색
어릴 때는 회색이 섞인 색이지만 나이를 먹을수록 흰색 부분이 늘어납니다.

제5장 바다로 향한 새들

둥지를 트는 곳

알바트로스와 같은 바닷새는 대부분의 시간을 바다 위에서 보내지만 번식할 때가 되면 외딴 작은 섬으로 이동해 알을 낳고 새끼를 기릅니다. 이 섬들은 천적이 없어 알이나 새끼가 공격당할 위험이 거의 없는 안전한 장소이기 때문입니다.

안전하고 안심할 수 있는 섬 생활

사는 곳

일본에서는 알바트로스를 '신천옹'이라고 부릅니다. 한때 일본의 신천옹은 깃털을 얻기 위한 남획으로 멸종된 것으로 여겨졌지만, 1951년 일본 남쪽의 토리시마에서 다시 발견되었습니다. 그러나 이 섬은 화산 활동이 활발해 신천옹의 번식에 큰 위협이 될 수 있습니다. 현재는 신천옹을 보호하고 안정적인 번식지를 확보하기 위해, 토리시마 남쪽에 위치한 오가사와라 제도로 이주시키는 노력이 진행되고 있습니다.

| LC | NT | VU | EN | CR | EW | EX |

괭이갈매기

조강 도요목 갈매기과
학 *Larus crassirostris*
영 Black-tailed Gull

전체 길이: 약 47cm
분포: 한국·일본·러시아 남동부·
중국 동부·타이완

바닷가나 큰 강의 하류 등지에 서식하며 바닷새의 대표라 할 수 있는 갈매기의 부류입니다. 울음소리가 고양이 울음소리 같아 괭이(고양이) 갈매기라는 이름을 갖게 되었습니다.

제5장 바다로 향한 새들

얼굴 ⚠️ 엄청나

부리 끝과 눈 주변의 붉은색이 두드러집니다.

마치 눈에 화장을 한 것 같다

다리

다리는 노란색이며 물갈퀴가 있습니다.

재갈매기

조강 도요목 갈매기과
학 *Larus vegae* / 영 Vega Gull

전체 길이: 약 60cm
분포: 동아시아·시베리아

부리
아래쪽 부리에 빨간 반점이 있습니다.

추운 겨울을 보내기 위해 겨울철 우리나라를 찾는 대형 갈매기 종류입니다. 해안가나 호수 등에 서식합니다. 주로 물고기를 잡아먹지만 동물의 사체나 음식 쓰레기를 먹는 등 잡식성이기도 합니다.

다리
다리는 분홍색이며 물갈퀴가 있습니다.

몸의 색
이름에 잿빛이란 의미의 '재'가 붙어 있지만 등은 잿빛보다는 옅은 회색에 가깝습니다.

재갈매기

큰재갈매기

제5장 바다로 향한 새들

푸른발얼가니새

조강 가다랭이잡이목 가다랭이잡이과
[학] *Sula nebouxii* / [영] Blue-footed Booby

전체 길이: 약 76~84cm
분포: 남아메리카 서해안·중앙아메리카·갈라파고스 제도

매우 선명한 파란색의 다리를 갖고 있습니다. 구애할 때 수컷이 이 다리를 춤추듯 번갈아 높이 치켜들고서 암컷에게 과시합니다. 잠수도 잘해서 하늘에서 물속으로 뛰어들어 물고기를 잡아먹습니다.

다리
다리와 발이 파란색인 이유는 주식인 등푸른 생선이 가진 색소 때문입니다.

코 ⚠️ 엄청나
가다랭이잡이과의 새는 물속에서 물이 들어가지 않게 콧구멍이 없습니다.

제5장 바다로 향한 새들

이것 봐! 이 다리 멋지지
휙

이름의 유래
영어 이름에 'booby(멍청이)'란 단어가 들어있는데 인간에 대한 경계심이 없어 쉽게 잡을 수 있기 때문입니다.

슴새

조강 슴새목 슴새과
- 학 *Calonectris leucomelas*
- 영 Streaked Shearwater

전체 길이: 약 49cm
분포: 서태평양 북부

날개
알바트로스처럼 가늘고 긴 날개로 긴 거리를 비행할 수 있지만 이륙과 착지를 잘 못합니다.

생태
번식기를 제외하고는 대부분 해상에서 생활합니다.

제5장 바다로 향한 새들

바다 위를 나는 모습이 마치 길고 날카로운 칼이 물을 가르는 듯합니다. 가늘고 긴 날개 덕분에 글라이더처럼 먼 거리를 날 수 있습니다. 또 헤엄을 치거나 흙을 파서 둥지를 만들 수도 있어 하늘과 바다, 땅을 넘나들며 살아가는 바닷새입니다. ⚠ 엄청나

사다새

조강 사다새목 사다새과
- 학 *Pelecanus crispus*
- 영 Dalmatian pelican

전체 길이: 약 160~180cm
분포: 유라시아 중앙부

목주머니
조류 중에서 부리가 가장 길며, 아랫부리에 신축성이 좋은 목주머니가 있어 잘 늘어납니다.

몸의 색
회색 외에 분홍색, 갈색, 허리 부분만 검은 색인 경우 등 다양합니다.

물갈퀴
모든 발가락 사이에 물갈퀴가 달린 것은 사다새 종류의 특징입니다. 특히 뒷발가락까지 물갈퀴로 연결되어 있어, 네 개의 발가락 사이가 모두 이어져 있습니다. 이러한 구조는 깊이 잠수할 때 큰 도움이 됩니다.

제5장 바다로 향한 새들

사다새 종류 중에서도 가장 큰 종으로, 날개를 펼치면 길이가 3m에 이르고 무게는 10kg이 넘는 대형 물새입니다.
강이나 호수에서 살며 사다새의 특징인 긴 부리 아래의 목주머니를 그물처럼 이용해 물고기 등을 건져 먹습니다.

집단으로 사냥하는 새 ⚠️ 엄청나

사다새는 여러 마리가 함께 협력해 물고기를 사냥합니다. 물고기 떼를 발견하면 분홍사다새 무리가 반원 모양의 진형을 만들어 얕은 물가로 몰아갑니다. 그리고 마지막에는 일제히 부리를 물속에 넣어 물고기를 잡아먹습니다.

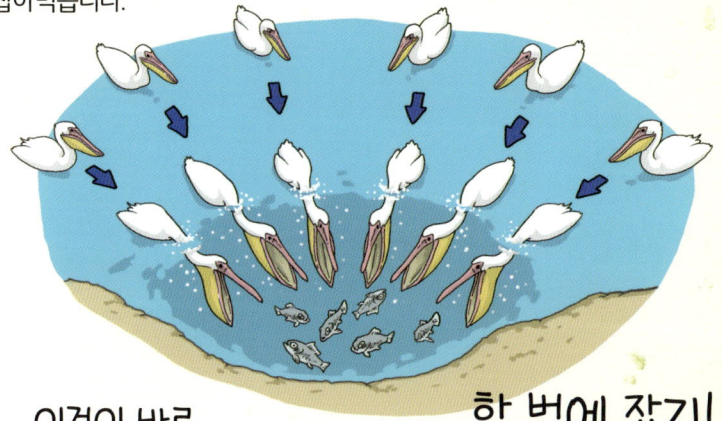

이것이 바로 한 번에 잡기!

목주머니의 역할

사다새의 커다란 목주머니는
물고기를 건지는 용도뿐만 아니라
체온 조절을 할 때도 사용됩니다.
더울 때는 목주머니를 늘어뜨려
혈관에 흐르는 혈액을 식혀
몸 전체의 체온을 낮출 수 있습니다.

더워…

깍도요

조강 도요목 도요과
학 *Gallinago gallinago* / 영 Common Snipe

전체 길이: 약 27cm
분포: 한국·일본·유라시아·남북 아메리카

부리
둥그란 몸에 비해 곧고 긴 부리를 갖고 있습니다.

다리
다리가 길어 물속을 걸을 수 있습니다.

제5장 바다로 향한 새들

도요과 조류는 주로 갯벌, 해안의 모래사장, 간석지 등에 서식하는 새입니다. 그중 꺅도요는 논이나 습지에서 살며 몸집은 비둘기의 절반 정도로 작은 편입니다. 가늘고 긴 부리를 진흙 속에 찔러 넣어 지렁이나 곤충 등을 잡아먹습니다.

부드러운 부리

꺅도요를 비롯한 도요과 조류는 물이나 진흙 속에 가늘고 긴 부리를 찔러넣어 먹이를 찾습니다. 부리 끝에는 예민한 감각신경이 분포해 있고, 부드럽고 자유롭게 움직일 수도 있어 흙 속의 작은 먹이도 능숙하게 잡을 수 있습니다.

부리로 더듬어 찾듯이 먹이를 수색한다

제5장 바다로 향한 새들

부드러운 부리 ⚠ 엉청나

가늘고 긴 부리가 특징인 도요과 조류는 주로 먹이에 따라 부리 형태가 진화했습니다. 이로 인해 종류마다 서로 다른 모양의 부리를 갖고 있습니다. 비슷한 방식으로 진화한 새로는 '벌새'가 있습니다.

큰뒷부리도요　　꺅도요

마도요　　쇠부리도요

아비

조강 아비목 아비과
- 학 *Gavia stellata*
- 영 Red-throated Loon

전체 길이: 약 63cm
분포: 북반구 추운지방(태평양 북부·대서양 북부 연안에서 월동)

바다를 헤엄치거나 잠수하는 게 특기인 바닷새입니다. 옛날에는 잠수해 물고기를 잡는 아비 부류의 습성을 이용한 '아비잡이'가 있었지만, 아비 부류의 먹이인 까나리 같은 작은 물고기가 줄어들면서 이제는 사라졌습니다.

제5장 바다로 향한 새들

목
여름 깃은 목이 적갈색입니다.

다리
다리는 몸 뒤쪽에 달려 있어 헤엄칠 때는 편하지만, 땅 위를 걷기에는 불편합니다.

윌슨바다제비

조강 습새목 바다제비과
- 학 *Oceanites oceanicus*
- 영 Wilson's Storm Petrel

전체 길이: 약 16~18.5cm
분포: 주로 남반구 바다

몸의 색
허리부터 꼬리깃 시작지점까지는 흰색을 띱니다.

다리
가늘고 매우 긴 다리를 갖고 있습니다.

꼬리깃의 모양이 제비와 닮아서 바다제비라는 이름이 붙었지만 슴새에 가까운 작은 바닷새입니다. 나비처럼 팔랑거리기도 하고 긴 다리를 이용해 해수면을 차는 독특한 모양으로 날기도 합니다. 크릴 같은 새우나 플랑크톤, 작은 물고기를 주로 먹고 살아갑니다.

참방 참방

제5장 바다로 향한 새들

논병아리

조강 논병아리목 논병아릿과
🔤 *Tachybaptus ruficollis*
🔤 Little Grebe

전체 길이: 약 26cm
분포: 유라시아·오세아니아·아프리카 온대

우리나라에서 연중 살아가는 텃새지만 일부는 겨울철 찾아오는 겨울철새이기도 합니다. 연못이나 늪지에서 서식하며 잠수가 특기입니다. 평생 대부분을 물 위에서 지내며 물풀을 쌓아 수면에 띄운 둥지를 짓습니다. 나뭇잎처럼 생긴 발가락으로 물을 힘차게 차며 헤엄칩니다.

엎기
새끼를 업고 헤엄칠 수 있습니다.

물을 가르기에 적합한 발가락

발가락 ⚠️ 엄청나
다리가 몸 뒤쪽에 달려 있어 헤엄치기 유리하지만, 땅 위를 걸을 땐 불편합니다. 이렇게 나뭇잎처럼 생긴 발가락을 '판족'이라고 합니다.

제5장 바다로 향한 새들

큰물떼새

조강 도요목 물떼새과
- 학 *Charadrius veredus*
- 영 Oriental Plover

전체 길이: 약 24cm
분포: 중앙아시아·중국 동북부

습지나 간석지 등에 주로 서식하는 물떼새 종류입니다. 사방이 탁 트인 초원 등을 좋아하며 땅위를 걸을 때 지그재그로 비틀거리며 걸어 다닙니다.

제5장 바다로 향한 새들

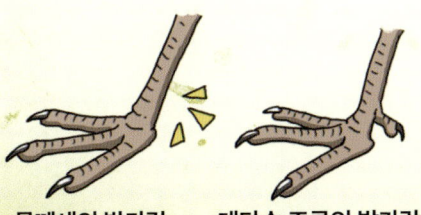

물떼새의 발가락 | **대다수 조류의 발가락**

발 ⚠️ 엄청나

뒷발가락 없이 앞발가락 세 개만 있습니다.
물떼새류는 땅 위에서 많이 걷는 새여서 뒷발가락이 딱히 필요하지 않기 때문에 퇴화한 것으로 생각됩니다.

087

뿔쇠오리

조강 도요목 바다오리과
- 학 *Synthliboramphus wumizusume*
- 영 Japanese Murrelet

전체 길이: 약 24cm
분포: 한반도·일본· 태평양 동북부

머리깃
여름 깃일 때는 머리의 장식깃이 길어져 관 모양이 됩니다.

몸의 색 ⚠ 엄청나
흑백의 두 가지 색이 섞여 있습니다. 땅딸막한 체형이 펭귄과 닮았습니다.

바다오리의 한 종류로 전 세계적으로 우리나라와 일본의 무인도에서만 번식을 합니다. 우리나라에서는 천연기념물과 멸종위기조류로 보호받고 있습니다. 다른 바다오리 부류와 마찬가지로 잠수를 잘 합니다. 바닷속에서 날개를 파닥여 헤엄치다가 작은 물고기나 크릴 등을 잡아먹습니다. 일생의 대부분을 바다 위에서 지내지만, 번식기가 되면 섬으로 돌아와 경사가 심한 바위굴이나 좁은 굴에 알을 낳아 새끼를 키웁니다.

펭귄과 닮았다

펭귄 바다오리

제5장 바다로 향한 새들

댕기바다오리

조강 도요목 바다오리과
학 *Fratercula chirrhata* / 영 Tufted Puffin

전체 길이: 약 39cm
분포: 북태평양

여름 깃   **겨울 깃**

겨울 깃
겨울이 되면 머리는 검어지고 머리의 장식깃이 없어집니다.

얼굴
노란 장식깃, 하얀 얼굴, 빨갛고 큰 부리 등 얼굴이 매우 화려하게 생겼습니다.

바다에 잠수하는 게 특기인 바다오리와 같은 종류입니다. 지금은 그 수가 적지만, 태평양 북쪽에서 볼 수 있습니다.
댕기바다오리는 매우 선명한 색의 부리를 갖고 있어 '붉은부리바다오리'라고도 불립니다. 해안가나 섬 절벽 위에 둥지를 파고 알을 낳습니다.

제5장 바다로 향한 새들

큰바다쇠오리

조강 도요목 바다쇠오리과
[학] *Pinguinus impennis*
[영] Great Auk

전체 길이: 약 80cm
분포: 북대서양·북극해

제5장 바다로 향한 새들

서식지의 화산 분화와 이어진 무분별한 사냥으로 1844년에 발견된 것을 끝으로 멸종된 바다쇠오리류의 한 종입니다. 우리나라에서 번식하는 바다쇠오리는 하늘을 날 수 있지만, 멸종된 큰바다쇠오리는 날개가 퇴화되어 날지 못했습니다.

몸의 색

몸 색깔이 흑백으로 펭귄과 닮았습니다. 예전에는 이 새를 펭귄이라 불렀다고 합니다.

날개 엄청나

날개는 작아졌지만 펭귄과 달리 접을 수 있었다고 합니다.

북극해에 서식했던 큰바다쇠오리를 옛 유럽 사람들은 펭귄이라고 불렀습니다. 하지만 멸종된 이 종은 오늘날 남극대륙에서 살아가는 펭귄과는 다른 바다오리 종류로 분류됩니다.

코페프테릭스

조강 가마우지목 플로토프테룸과
- 학 *Copepteryx hexeris*
- 영 Copepteryx

전체 길이: 약 2m
분포: 일본(큐슈)

날개
날개 모양이 펭귄처럼 지느러미 형태로 진화해 헤엄을 잘 쳤을 것으로 보입니다.

목
현재의 펭귄과 비교하면 훨씬 긴 목을 가진 모습이었을 것으로 짐작됩니다.

제5장 바다로 향한 새들

먼 옛날 멸종한 플로토프테룸과의 한 종으로 최대 2m에 가까운 덩치를 자랑한 것도 있었을 것으로 추정되는 바닷새입니다. 날개가 지느러미 모양으로 생겨서 잠수를 잘했을 것으로 예상됩니다.
생김새 때문에 펭귄의 친척이라 불리기도 합니다. 사다새나 가마우지 종류의 친척뻘 정도로 보이지만, 펭귄의 한 부류로 구분하는 설도 있습니다. 이 종에 대한 자세한 정보는 알려져 있지 않습니다.

2m의 거대 펭귄?

와이마누

조강 펭귄목 펭귄과
- 학 *Waimanu manneringi*
- 영 Waimanu

전체 길이: 약 1m
분포: 뉴질랜드

공룡이 멸종된 지 얼마 지나지 않은 약 6,000만 년 전에 살았던 고대 펭귄의 한 종류로 생각됩니다. 펭귄과 똑같이 하늘을 날지는 못했지만, 날개는 지느러미(플리퍼) 모양이 아니어서 다른 새처럼 접을 수 있었던 것으로 추정됩니다.

몸
몸의 크기는 1m 가량으로 황제펭귄과 같은 대형 조류였을 것으로 추측됩니다.

날개 ⚠️ 엄청나
날개는 지느러미 형태가 아니어서 접을 수 있었던 것으로 보입니다.

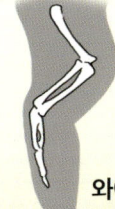

와이마누

펭귄

날개뼈

제5장 바다로 향한 새들

아프리카펭귄

조강 펭귄목 펭귄과
학 *Spheniscus demersus*
영 African Penguin

전체 길이: 약 68~70cm
분포: 아프리카 남부

피부
눈 주변부터 부리
연결 부분까지는
분홍색 피부가
노출되어 있습니다.

다리
다리는 검은색인데
분홍색 점이 난 것도
있습니다.

제5장 바다로 향한 새들

남아프리카 연안에 서식하며
아프리카 대륙에서 번식하는
유일한 펭귄이어서 '아프리카펭귄'이
라고 합니다. 다른 펭귄보다
따뜻한 지역에 살며 체온 조절을 위해
눈 주변에 깃털이 없습니다.

마카로니펭귄

조강 펭귄목 펭귄과
- 학 *Eudyptes chrysolophus*
- 영 Macaroni Penguin

전체 길이: 약 55~62cm
분포: 남극 위쪽 바다

머리깃
눈썹처럼 긴 노란색 머리깃이 달려 있습니다.

부리
굵고 튼튼한 부리를 갖고 있습니다.

다리
다리는 탄탄하며 분홍색입니다.

제5장 바다로 향한 새들

머리에 노란색 장식깃이 달린 펭귄입니다. 마카로니는 영국의 패션계 유명 인사가 모이는 마카로니 클럽이라는 사교장에서 유래한 것으로 추정됩니다. 마카로니펭귄과 근연종(가까운 친척 종)인 바위뛰기펭귄과 로열펭귄 등도 머리에 비슷한 장식깃을 갖고 있습니다.

펭귄의 이동 방법 ⚠️ 엄청나

헤엄을 잘 치는 펭귄은 땅 위에서는 잘 걷지 못합니다. 얼음이나 눈이 많은 남극대륙에 사는 황제펭귄은 엎드린 자세로 바닥을 차서 미끄러지며 이동하는 걸 더 좋아합니다. 또한 마카로니펭귄의 일종인 바위뛰기펭귄은 두 다리를 모아 폴짝 뛰어서 이동합니다.

왕관펭귄

머리깃을 가진 펭귄들을 '왕관펭귄'이라 부릅니다. 왕관펭귄은 펭귄 중에서도 종류가 많아 8종에서 9종가량 됩니다. 각 종류에 따라 머리깃의 형태와 얼굴의 색, 모양이 다릅니다.

바위뛰기펭귄

마카로니펭귄

로열펭귄

볏왕관펭귄

스네어스펭귄

젠투펭귄

조강 펭귄목 펭귄과
- 학 *Pygoscelis papua*
- 영 Gentoo Penguin

전체 길이: 약 76~81cm
분포: 남극 연안

다리
선명한 노란색 다리를 갖고 있습니다.

얼굴
얼굴에 눈과 눈을 잇는 U자형 하얀 모양이 있습니다.

아델리펭귄과 가까운 근연종입니다. 펭귄 부류는 물속에서 저항이 적은 유선형 체형과 지느러미처럼 변화한 날개(플리퍼)를 이용해 빠르게 헤엄칠 수 있습니다. 그중에서도 젠투펭귄은 제일 빠르게 헤엄칠 수 있어 최고시속이 35km나 된다고 합니다.

8 킬로 — 수영선수
35킬로 — 젠투펭귄

제5장 바다로 향한 새들

턱끈펭귄

조강 펭귄목 펭귄과
- 학 *Pygoscelis antarcticus*
- 영 Chinstrap Penguin

전체 길이: 약 68~77cm
분포: 남극 연안

아델리펭귄과 가까운 친척입니다. 하얀 얼굴에 턱수염처럼 생긴 검은 모양이 있는 것이 특징입니다. 아델리펭귄의 부류는 공격적인 성격으로 영역에 침범한 상대가 있으면 도망치지 않고 공격합니다.

발톱

발톱을 이용해 다른 펭귄이 오르지 못하는 바위틈을 기어오를 수 있으며 작은 돌멩이를 모아 둥지를 만듭니다.

제5장 바다로 향한 새들

얼굴 ⚠️ 엄청나

눈은 '짙은 갈색' 혹은 '검은 갈색'이며 머리 윗부분은 검은색으로, 머리 윗부분부터 턱 아래까지 모자 끈 모양의 긴 무늬가 나 있습니다.

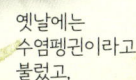
옛날에는 수염펭귄이라고 불렀고,

지금은 턱끈펭귄이라고 부른다.

아델리펭귄

조강 펭귄목 펭귄과
학 *Pygoscelis adeliae* / 영 Adelie Penguin

전체 길이: 약 71cm
분포: 남극 연안

얼굴
얼굴에서 등까지는 검은색이지만 눈 주변만 하얀색이어서 그 부분만 두드러져 보입니다.

배
배에는 깃털이 빠져 피부가 드러난 '포란반'이라는 부분이 있습니다. 알을 품을 때는 포란반에 알을 직접 접촉해 따뜻한 체온을 전달합니다.

아델리펭귄의 둥지

아델리펭귄과 같은 종의 펭귄들은 총 세 종류로, 이들은 다른 펭귄보다 몸집이 작으며 꼬리깃이 긴 것이 특징입니다. 또한 눈 주변으로 하얀 테두리가 있습니다. 번식지는 남극대륙 해안과 주변 섬으로, 눈이 녹는 여름에 번식을 시작해 작은 돌을 원형으로 쌓아 올려 둥지를 만듭니다. 돌을 높게 쌓는 이유는 여름에도 눈이 내릴 수 있기 때문에 눈이 녹은 차가운 물에 알이 닿지 않도록 하기 위해서입니다.

훔볼트펭귄

조강 펭귄목 펭귄과
- 학 *Spheniscus humboldti*
- 영 Humboldt Penguin

전체 길이: 약 65~70cm
분포: 남아메리카 동부 연안

피부
부리와 눈 주변에 분홍색 피부가 노출되어 있습니다.

둥지
천적인 갈매기나 여우로부터 알을 숨기고 높은 기온으로부터 몸을 보호하기 위해 구멍을 파거나 바위틈 등에 둥지를 짓습니다.

제5장 바다로 향한 새들

남아메리카 대륙의 서쪽 연안에 서식하는 소형 펭귄입니다. 다른 펭귄보다 따뜻한 곳에 살기 때문에 우리나라 기후에서도 사육하기 쉬워 여러 수족관에서 기르고 있습니다. 남극에서 흘러오는 페루 해류를 따라 따뜻한 지역으로 이동해 정착한 것으로 보입니다. 훔볼트펭귄의 친척인 갈라파고스펭귄은 열대지역인 갈라파고스 제도 주변에 서식합니다.

황제펭귄

조강 펭귄목 펭귄과
- 학 *Aptenodytes forsteri*
- 영 Emperor Penguin

전체 길이: 약 112~115cm
분포: 남극 연안

몸의 색
다 자라게 되면 귀에서 가슴에 걸쳐 노란색이나 주황색을 띱니다.

부리
아래 부리의 밑부분이 주황색이 됩니다. 이 부분은 '하부 부리판'이라고 불리며, 표면이 주기적으로 탈피합니다.

알
수컷은 알이 바닥에 닿지 않도록 다리와 배 사이에 올려 품습니다.
그리고 새끼가 부화할 때까지 두 달 동안 아무것도 먹지 않으며 혹독한 추위를 견뎌냅니다.

가장 큰 펭귄으로 키는 약 110cm에 달합니다. 하늘을 날 수 없고 땅에서는 아장아장 걷지만, 바닷속에서는 자유롭게 헤엄치며 최대 250m 깊이까지 약 20분 동안 잠수할 수 있습니다.

극한의 육추 ⚠️

남극에 사는 대부분의 펭귄은 따뜻한 봄부터 여름 사이에 새끼를 키웁니다. 하지만 황제펭귄은 놀랍게도 혹독한 한겨울에 육추를 시작합니다.
새끼가 어른 펭귄으로 자라기까지 약 7개월이 걸리기 때문에 한겨울에 알을 낳아 키워야 다가올 겨울의 추위를 견딜 수 있을 만큼 성장할 수 있습니다.

잘 다녀와 조심해 / **먹이 잡아올게**

여름

5월경, 알을 낳은 어미새는 아빠새에게 알을 맡기고 먹이가 있는 바다로 떠난다

가을 — 내륙의 둥지에서 바다까지는 추가로 두 달이 더 걸린다

12월쯤 되면 새끼는 어엿하게 성장한다

겨울

다녀와 / **먹이 잡아올게**

춥긴 춥네

아빠새는 두 달 동안 먹지도 마시지도 않고 알을 따뜻하게 품는다

알에서 새끼가 태어난다

배에 먹이를 가득 저장한 어미새가 돌아와 새끼에게 먹이를 주고, 이번엔 아빠새가 먹이를 잡으러 떠난다

제5장 바다로 향한 새들

커다란 펭귄

황제펭귄은 세계 최대 크기의 펭귄이지만 먼 옛날에는 훨씬 더 큰 펭귄이 있었습니다. 뉴질랜드에서 발견된 약 3,500만 년 전의 화석을 통해 키가 약 160cm로 성인 인간과 비슷한 크기의 펭귄이 존재했다는 걸 알 수 있었습니다.

황제펭귄 / **먼 옛날에 있었던 자이언트펭귄**

임금펭귄

조강 펭귄목 펭귄과
- 학 *Aptenodytes patagonicus*
- 영 King Penguin

전체 길이: 약 94~95cm
분포: 남극 위쪽 바다

날개
지느러미 같은 플리퍼는 황제펭귄보다 몸의 크기에 비해 긴 편입니다.

부리
아래쪽 부리 밑부분이 주황색이나 분홍색입니다. 황제펭귄과 마찬가지로 표면이 떨어지고 새로 자라납니다.

포란의 비밀
알이 바닥에 닿으면 너무 추워 죽어버리기도 합니다. 그렇게 되지 않도록 발 위에 알을 올리고 배의 피부로 감싸듯 안아 품어줍니다.

황제펭귄 다음으로 큰 펭귄입니다. 남극 주변의 섬에서 엄청난 수의 대집단을 이루어 번식합니다. 황제펭귄처럼 둥지를 짓지 않고 발 위에 알을 올려 품습니다. 어느 정도 성장한 새끼는 새끼들만 모여 '유치원(Crèche)'이라 부르는 집단을 형성합니다.

제5장 바다로 향한 새들

제 6 장
산골 마을의 들새들

LC NT VU EN CR EW EX

동박새

조강 참새목 동박새과
- 학 *Zosterops japonicus*
- 영 Japanese White-eye

전체 길이: 약 12cm
분포: 한국·일본·중국

깃털의 색깔
머리부터 꼬리깃에 걸쳐 갈색이 섞인 연두색, 목은 노란색, 배는 회색 또는 흰색입니다.

눈
동박새는 눈 주위가 하얗습니다.

제6장 산골 마을의 들새들

매화나 동백 같은 꽃의 꿀을 좋아하며 꿀을 빨 때 꿀벌처럼 몸에 꽃가루를 묻혀 나르며 수분을 돕습니다. 참새보다 크기는 작지만 나는 힘이 강한 동박새의 한 종류인 일본 고유종, 메구로는 일본 본섬에서 멀리 떨어진 작은 섬까지 날아가 정착해 그곳의 고유종으로 자리 잡았습니다.

꿀을 빨기 위해 진화

꽃의 꿀을 먹이로 삼는 동박새는 꿀을 잘 빨기 위해 혀가 붓처럼 생겼습니다.

붓처럼 생긴 혀로 꿀을 빤다

[모여있길 좋아하는] 동박새

번식기에는 암수가 함께 생활하지만 평소에는 무리로 생활합니다. 동박새는 꿀과 열매를 먹는데 특히 동백꽃의 꿀을 좋아해 동백꽃이 필 무렵에는 동백나무에 무리로 모여있습니다.

밀지 마 밀지 마라 밀지 말라고

메구로의 수수께끼

메구로는 일본에만 사는 동박새 고유종입니다. 멀리까지 날아갈 수 있는데 신기하게도 섬에서 섬으로 이동하지 않고 살고 있는 섬에 정착했습니다. 그 때문인지 메구로가 멸종된 섬이 여럿 있습니다.

메구로

동박새
일본 전역에서 볼 수 있다

일본 남쪽의 작은 섬 하하지마와 그 주변 섬에만 사는 고유종

제6장 산골 마을의 들새들

멧새

조강 참새목 멧새과
학 *Emberiza cioides* / 영 Meadow Bunting

전체 길이: 약 16cm
분포: 한국·일본·중국·시베리아 남부

얼굴
흰색의 뺨을 둘러싸듯 검은색 띠 모양이 있는데 수컷만 검은색이고 암컷은 다갈색입니다.

몸의 색
몸통의 색은 참새와 비슷하지만 머리는 흰색과 검은색이 섞여 있습니다.

뺨 부분에 하얀 모양이 있는 것이 특징입니다. 참새와 비슷한 크기로 몸통의 색도 닮았지만 깃털이 길어서 참새보다 조금 커 보입니다. 울음소리가 아름다워 옛날부터 사람들이 좋아했습니다. 울 때는 얼굴을 살짝 위로 치켜들고 가슴을 크게 부풀리는 독특한 자세를 취합니다.

제6장 산골 마을의 들새들

섬휘파람새

조강 참새목 휘파람새과
[학] *Horornis diphone*
[영] Japanese Bush Warbler

전체 길이: 약 16cm
분포: 한국·일본·중국 동부·중국 중부

몸의 색
갈색이 섞인 연두색으로 덤불이나 수풀에 들어가 있으면 눈에 띄지 않습니다.

울음소리
아름다운 목소리를 갖고 있는 것으로 유명합니다.

섬휘파람새 → 탁한 연두색

동박새 → 밝은 연두색 / 말차 모찌

'호르륵'하는 예쁜 울음소리로 알려진 작은 새입니다. 예전에는 제주도를 비롯해 남해안에만 살았지만, 최근에는 강원도 오대산 인근에서도 보인다고 합니다. 섬휘파람새의 색은 산뜻한 밝은 연두색이 아닌 탁한 연두색에 가깝습니다. 이와 달리 동박새는 밝은 연두색을 띄고 있습니다.

제6장 산골 마을의 들새들

종다리

조강 참새목 종다리과
- 학 *Alauda arvensis*
- 영 Eurasian Skylark

전체 길이: 약 17cm
분포: 영국·아프리카 북부·유라시아

머리깃
머리에는 뾰족하게 선 장식깃이 있습니다.

둥지
풀밭의 눈에 띄지 않는 깊숙한 곳에 둥지를 만듭니다.

제 6 장 산골 마을의 들새들

⚠️ 엄청나

난 여기 있다ー!

멋져!

화끈

종다리과 새들은 사막이나 초원 등 탁 트인 곳에 살고 있어 눈에 띄지 않기 위해 생김새가 수수합니다. 하지만 하늘에 높이 날아오르며 큰 소리로 우는 행동을 하기도 하는데, 이는 자신의 영역을 선언하는 것이라고 합니다.

오목눈이

조강 참새목 오목눈이과
🔤 *Aegithalos caudatus*
🔤 Long-tailed Tit

전체 길이: 약 14cm
분포: 유라시아

목
목이 짧아 정면에서
보면 동그랗게 보입니다.

꼬리깃
긴 꼬리깃을 이용해
나뭇가지에 앉을 때 몸의
균형을 잡기도 합니다.

제 6 장 산골 마을의 들새들

먹이 가져올 테니
동생한테 주세요

어머나 고마워라

매우 긴 꼬리깃이 특징인
작은 산새입니다. 번식기에는
이끼와 깃털을 거미줄로 붙여
입구가 있는 돔 형태의 작은
둥지를 나뭇가지 사이에
짓습니다. 이전 해에 태어난
1년생 수컷 오목눈이 일부는
이듬해 부모새를 도와 동생을
함께 키우는 습성이 있습니다.
이런 현상을 '육아도우미' 현상
이라고 부릅니다.

박새

조강 참새목 박새과
[학] *Parus minor* / [영] Japanese Tit

전체 길이: 약 15cm
분포: 한국·일본·동아시아·러시아 극동

몸의 색

목에서 가슴까지 검은 넥타이처럼 보이는 선이 있습니다. 이 선은 수컷은 굵고 암컷은 가늘다는 특징이 있습니다.

울음소리

연구를 통해 울음소리가 의사소통에 쓰이며 지역마다 서로 다른 '사투리'가 있다는 사실이 알려졌습니다.

평지나 산지의 숲에 서식하지만 도시에서도 흔히 볼 수 있는 작은 새입니다. 나무 구멍 같은 곳에 둥지를 짓는데 사람이 만들어준 인공새집도 잘 이용하는 것으로 알려져 있습니다.
도시에서는 인공물이라도 작은 구멍이나 틈만 있으면 어디든 둥지를 틀 수 있습니다.

제6장 산골 마을의 들새들

곤줄박이

조강 참새목 박새과
학 *Sittiparus varius* / 영 Varied Tit

전체 길이: 약 14cm
분포: 한국·일본·중국·대만

성격
경계심이 약해 사람을 잘 따르며 어떤 개체들은 사람 손에서 직접 먹이를 받아먹기도 합니다.

다리
물건을 잡기 좋은 다리를 갖고 있습니다.

콱직!

⚠️ 엄청나

주로 산속, 숲, 평지, 인가 근처 등 다양한 장소에서 서식합니다. 곤충과 거미 등을 잡아먹지만 특히 딱딱한 나무 열매를 좋아해 두 발로 잡고 부리로 쪼아 깨 먹습니다. 또한 나무 열매를 땅속이나 나뭇가지 틈에 숨겨 두고 저장하는 습성도 있습니다.

제 6 장 산골 마을의 들새들

큰유리새

조강 참새목 솔딱새과
- 학 *Cyanoptila cyanomelana*
- 영 Blue-and-White Flycatcher

전체 길이: 약 17cm
분포: 한국·일본·중국·동남아시아

울음소리
휘파람새, 울새와 함께 아름다운 울음소리로 유명합니다.

몸의 색
전체적으로 진한 파란색이지만 얼굴과 목 부분은 검은색입니다. 조금 몸집이 작은 쇠유리새는 얼굴과 목이 하얀색입니다.

수컷   암컷

우리나라 전국에 번식하는 흔한 여름 철새입니다. 수컷은 광택이 나는 짙은 파란색(남보라색) 등의 깃털과 하얀 배를 가지고 있으며 지저귀는 소리도 매우 아름답습니다. 반면 암컷은 절벽이나 바위틈에 둥지를 짓기 때문에 눈에 띄지 않도록 평범한 색을 띱니다.

제6장 산골 마을의 들새들

유리딱새

조강 참새목 솔딱새과
- 학 *Tarsiger cyanurus*
- 영 Red-flanked Bluetail

전체 길이: 약 14cm
분포: 한국·일본·중앙아시아·동남아시아

서식 장소
번식기에는 높은 산으로 이동하고, 번식이 끝나면 평지로 내려와 덤불이나 산림 주변지역에서 먹이를 찾습니다.

몸의 색
수컷과 암컷의 전체적인 깃털 색은 다르지만 둘 다 옆구리의 깃은 주황색입니다.

봄과 가을에 걸쳐 우리나라를 지나가는 나그네새입니다. 수컷은 머리부터 등까지 아름다운 파란색(남보라색)이며 암컷은 수컷에 비하면 평범해서 머리부터 등까지는 올리브색이고 꼬리깃 끝만 살짝 파란색을 띱니다.

제6장 산골 마을의 들새들

황금새

조강 참새목 솔딱새과
- 학 *Ficedula narcissina*
- 영 Narcissus Flycatcher

전체 길이: 약 13.5cm
분포: 한국·일본·중국동북부·러시아 남동부

몸의 색
수컷은 등이 전체적으로 검은색이라 목의 주황색과 눈썹·허리의 노란색이 더욱 돋보입니다.

울음소리
번식기에는 높은 소리로 아름답게 지저귀는 것으로 유명합니다.

수컷은 검은색과 선명한 노란색이 뚜렷하게 대비되는 화려한 깃털을 가지고 있지만 암컷은 전체적으로 올리브색을 띠며 평범하고 수수합니다. 조류 중에는 수컷의 색이 화려한 종이 많은데, 이는 암컷의 관심을 끌어 자손을 남기기 위해 진화한 결과입니다.

굴뚝새

조강 참새목 굴뚝새과
- 학 *Troglodytes troglodytes*
- 영 Eurasian Wren

전체 길이: 약 10cm
분포: 한국·일본·중국·서아시아·중앙아시아·유럽·아프리카 북부

꼬리깃
몸통에 비해 긴 꼬리깃을 갖고 있으며 위로 치켜드는 습성이 있습니다.

부리
가는 부리 안쪽은 노란색입니다.

제6장 산골 마을의 들새들

크기 비교

참새 / 굴뚝새

⚠️ 엄청나

참새보다도 작은 새 중 하나인데, 그 작은 몸에 안 어울리게 크고 아름다운 소리로 지저귑니다. 우리나라 전역에서 흔히 볼 수 있습니다. 처마 밑, 암벽 틈, 커다란 나무의 뿌리 등에 둥지를 짓습니다.

뻐꾸기

조강 두견이목 두견이과
[학] *Cuculus canorus* / [영] Common Cuckoo

전체 길이: 약 35cm
분포: 유라시아·아프리카

울음소리

일본에서는 수컷의 울음소리가 '곽공'의 일본식 발음인 '칵코'처럼 들린다하여 일본에서는 '곽공(郭公)'이라 부르기도 합니다.

* 곽공: 중국 후한 말의 인물.

날개

몸에 비해 크고 뾰족한 날개와 긴 꼬리깃을 갖고 있습니다.

우리나라에는 5월경 번식을 위해 찾아오는 여름철새입니다. 다른 새가 먹지 않는 독나방 등 독이 있는 곤충을 좋아합니다. 둥지를 직접 짓지 않고, 다른 새의 둥지에 알을 낳아 그 새가 대신 키우도록 하는 '탁란' 습성으로 유명합니다.

발가락

뻐꾸기의 발가락은 일반적인 조류의 3개+1개 구조가 아니라 앞뒤로 2개씩 있습니다.

제6장 산골 마을의 들새들

숙주새(알을 맡기는 새)에게 양육을 맡기는 새

뻐꾸기를 포함한 두견이과 새들은 다른 새의 둥지에 알을 낳아 그 둥지 주인인 '숙주새'가 대신 새끼를 키우게 하는 탁란 행동을 합니다. 뻐꾸기는 주로 개개비나 때까치의 둥지에, 두견이는 주로 휘파람새의 둥지에 탁란을 합니다. 뻐꾸기 알은 숙주새의 알보다 먼저 깨어나고 어린 뻐꾸기 새끼는 숙주새의 알을 둥지 밖으로 밀어내고 먹이를 독차지합니다.

숙주새를 속이는 위장 수법

두견이과 새들은 탁란하는 상대에게 들키지 않기 위해 상대의 알과 똑같이 생긴 알을 낳습니다.

파랑새

조강 파랑새목 파랑새과
- 학 *Eurystomus orientalis*
- 영 Oriental Dollarbird

전체 길이: 약 30cm
분포: 한국·일본·유라시아 동부·오스트레일리아

몸의 색
부리와 다리는 빨갛고 머리는 검으며 몸은 청록색인 컬러풀한 새입니다.

울음소리
파랑새는 '게게게게' 하고 웁니다.

하늘을 나는 곤충을 공중에서 사냥해 먹습니다. 밤의 숲속에서 '붓-포우-소' 하는 소리가 들려 일본에서는 '불법승(佛法僧)'이란 이름이 붙었지만, 이 소리는 파랑새가 아니라 올빼미과 조류인 흰얼굴소쩍새가 내는 것이라고 합니다.

제6장 산골 마을의 들새들

LC NT VU EN CR EW EX

개똥지빠귀

조강 참새목 지빠귀과
- 학 *Turdus eunomus*
- 영 Dusky Thrush

전체 길이: 약 24cm
분포: 한국·일본·대만·중국남부
미얀마 북부·러시아 동부

울음소리

우리나라에는 겨울철 찾아오는 겨울철새로 이 시기는 번식기가 아니기 때문에 울음소리를 내지 않지만, 봄철 번식지인 북쪽으로 이동하면 아름다운 울음소리를 냅니다.

무늬
가슴에는 검은 비늘 모양의 무늬가 있습니다.

제6장 산골 마을의 들새들

우리나라에는 10월경부터 큰 무리를 이루어 찾아오는 겨울 철새입니다. 도착한 뒤에는 무리가 흩어져 숲이나 논밭에 자리를 잡고 지냅니다. 봄이 되면 다시 무리를 지어 북쪽으로 돌아갑니다. 주로 나무 열매나 감을 먹지만 땅 위를 걸어 다니며 지렁이나 곤충 등을 잡아먹기도 합니다.

주위를 경계하기 위해 걷다가 멈춰 서서 가슴을 편다

원앙

조강 기러기목 오리과
[학] *Aix galericulata* / [영] Mandarin Duck

전체 길이: 약 45cm
분포: 한국·일본·중국·러시아 남동부

몸의 색

수컷의 깃털 색은 매우 화려하지만 암컷은 전체적으로 평범해서 대조적입니다.

날개

수컷의 날개깃 중 셋째 날개깃 한 장이 유달리 큰 은행나무잎 모양을 하고 있습니다. 암컷에게 자신을 뽐낼 때 이 날개깃을 위로 치켜세우며 다가갑니다.

물가 근처 나무 구멍에 둥지를 짓고 도토리 등을 먹습니다. 사이 좋은 부부를 '원앙 부부'라고 하는데, 실제 원앙은 매년 짝을 바꾸며 암컷이 알을 다 낳고 품는 시기가 되면 수컷은 암컷의 곁을 떠나 새끼를 키우는 데는 관여하지 않습니다.

일본꿩

조강 닭목 꿩과
- 학 *Phasianus versicolor*
- 영 Japanese Pheasant

전체 길이: 수컷 약 80cm, 암컷 약 58cm
분포: 일본

얼굴
수컷은 눈 주위가 붉으며 번식기에는 크게 부풀어 오릅니다.

꼬리깃
수컷은 특히 꼬리깃이 길며 털 색깔이 뚜렷하고 화려합니다.

일본에서만 살아가는 일본 고유종입니다. 일본의 설화인 '모모타로(복숭아소년)'에도 등장하고 일본의 옛 노래에도 자주 등장합니다. 예부터 친숙한 새로 일본의 국조(나라의 새)로도 선정되었습니다. 수컷은 화려한 생김새와 힘찬 비행이 특징이며, 암컷은 불이 둥지에 붙어도 새끼를 지키려 했다는 옛 이야기가 전해질 만큼 모성애가 강한 새로 알려져 있습니다.

제6장 산골 마을의 들새들

LC NT VU EN CR EW EX

인도공작

조강 닭목 꿩과
- 학 *Pavo cristatus*
- 영 Indian Peafowl

전체 길이: 수컷 약 180~230cm
암컷 약 90~100cm
분포: 인도·스리랑카·네팔 남부·
파키스탄 동부·방글라데시 서부

비행
매우 긴 장식깃을 갖고 있어 날지 못하는 새로 생각하기 쉽지만, 잘 날 수 있습니다.

머리깃
머리 뒷쪽에 끝이 부채처럼 생긴 긴 머리깃이 돋아나 있습니다.

제6장 산골 마을의 들새들

꿩과에 속한 조류로 초원 등에서 수컷 한 마리와 여러 마리의 암컷이 무리 지어 서식합니다. 봄부터 초여름의 번식기가 되면 수컷은 매우 화려한 장식깃을 활짝 펼쳐 암컷에게 구애합니다. 번식기가 지나면 장식깃은 떨어집니다.

커다란 장식깃

수컷은 암컷에게 구애할 때 다양한 색채에 눈알 모양의 장식깃을 부채 모양으로 펼쳐 어필합니다. 이 화려한 장식깃은 꼬리깃이 아니라 허리에서 시작되는 허리깃털로 140~160cm가 넘게 자라난 것입니다.

쟤 귀엽게 생겼네!

마음에 드는 암컷을 발견하면 유혹하기 위해 노력한다

영차!

암컷이 수컷을 고르는 방법

수컷의 화려한 장식깃은 눈에 잘 띄어 적에게 발견되기 쉽고 먹이를 찾으러 움직이기도 힘듭니다. 그럼에도 이런 단점을 극복하고 살아남은 수컷은 우수하다고 여겨지며, 암컷은 장식깃이 멋진 수컷일수록 강하다고 느껴 번식 상대로 선택하는 것일지도 모릅니다. 결국, 화려한 장식깃을 가진 수컷이 더 많은 자손을 남기기 쉬운 셈이지요.

펄럭   펄럭

저렇게 걸리적거리는 걸 달고도 일등을 하다니 대단한 앤가 봐!

제 6 장 산골 마을의 들새들

중대백로

조강 사다새목 백로과
학 *Ardea alba* / 영 Great Egret

전체 길이: 약 90cm
분포: 한국·일본·아시아 남부·
오스트레일리아·남북 아메리카·
북 아프리카 등

여름

겨울

부리
부리는 여름엔 검고 겨울은 노란색이 됩니다.

장식깃
여름이 되면 가슴과 등에 레이스와 같은 섬세하고 긴 장식깃이 돋아납니다.

가늘고 긴 목과 다리, 부리가 긴 백로는 우리나라에 광범위하게 분포합니다.
하천이나 늪지 등 물가에서 S자로 굽은 가늘고 긴 목을 빠르게 뻗어 물속에 사는 물고기나 가재, 개구리 등을 잡아먹습니다.

제6장 산골 마을의 들새들

두루미

조강 두루미목 두루미과
- *Grus japonensis*
- Red-crowned Crane

전체 길이: 약 145cm
분포: 한국·일본(홋카이도 동부)·중국·러시아 남동부

학이라고도 불리며 두루미과에 속합니다. 우리나라에선 천연기념물이자 멸종위기야생동물 1급으로 지정되어 있습니다. 몸은 하얀색이고 눈 주위와 목, 날개 끝이 검은색이며 머리 꼭대기는 빨간 피부가 노출되어 있습니다.
겨울이 되면 수컷과 암컷이 서로 번갈아 날개를 펼치고 뛰어오르며 "뚜루- 뚜루" 울음소리와 함께 구애춤을 춥니다.

머리 ⚠️ 엄청나
닭의 볏처럼 머리 꼭대기에는 털이 없이 빨간 피부가 그대로 드러나 있습니다.

꼬리깃
꼬리깃은 흰색입니다. 날개를 접으면 꼬리 부근이 검게 보이지만 이건 날개털의 일부입니다.

구애의 춤

제 6 장 산골 마을의 들새들

따오기

조강 사다새목 저어새과
[학] *Nipponia nippon*
[영] Japanese Crested Ibis

전체 길이: 약 77cm
분포: 한국·일본·중국

머리

얼굴에는 깃털이 없어 빨간 피부가 그대로 노출되어 있습니다. 부리는 검은색이며 머리에는 긴 댕기깃털이 돋아나 있습니다.

제 6 장 산골 마을의 들새들

비행

날 때는 백로처럼 목을 접지 않고 곧게 뻗은 자세로 비행합니다.

깃털의 색깔 엄청나

비번식기에는 약한 주홍색이 감도는 흰색 깃털을 갖지만 번식기가 되면 머리부터 등까지 회색으로 변합니다.

늪지나 물이 차 있는 논 등에서 아래로 굽은 긴 부리를 이용해 미꾸라지나 개구리 등을 잡아먹습니다.

번식기가 되면 얼굴과 목 주변에서 색소가 분비되는데, 이를 목욕한 뒤 젖은 깃털에 문질러 깃털 색을 회색으로 바꿉니다. 이렇게 하면 눈에 잘 띄지 않아 적으로부터 몸을 지킬 수 있다고 합니다.

멸종위기에 처한 새

따오기는 과거에는 정말 흔한 철새였습니다. 영국의 조류학자 캠벨(Campbell)은 우리 나라에서 봄과 가을에 흔히 볼 수 있으며 쉽게 사냥총의 표적이 되는 새라고까지 말했습니다. 하지만 1966년 경기도 문산 비무장지대에서 판문점으로 가는 길의 냇가 습지에서 겨울을 나던 백색따오기가 마지막으로 관찰된 이후로, 기록이 중단되었습니다.

1983년을 마지막으로 우리나라에서 번식하던 야생 황새는 멸종하였다

따오기와 비슷한 새

따오기와 비슷한 운명을 걸은 새로 황새가 있습니다. '아기를 가져다주는 행운의 새'로도 불렸던 황새는 6·25전쟁 이후 급격히 수가 줄었습니다. 1971년 충북 음성에서 번식하던 수컷 황새가 밀렵꾼의 총에 맞아 죽은 뒤, 암컷 혼자 무정란을 낳으며 지내다 1983년 농약에 중독된 암컷이 구조되어 동물원으로 옮겨진 것을 끝으로 야생 황새는 사라졌습니다. 현재는 황새 복원을 위한 노력 덕분에 다시 야생에 방사되고, 야생 번식에도 성공하고 있습니다.

일본청딱다구리

조강 딱다구리목 딱다구리과
[학] *Picus awokera*
[영] Japanese Green Woodpecker

전체 길이: 약 29cm
분포: 일본

제6장 산골 마을의 들새들

깃털의 색깔
머리와 뺨이 붉고, 등과 날개는 어두운 녹색을 띕니다.
우리나라의 흔한 텃새인 청딱다구리와 많이 비슷하지만, 일본 고유종입니다. 수컷은 앞이마부터 뒷머리까지 붉은 깃털이 있고 암컷은 뒷머리 부분에만 붉은 깃털이 있어 암수를 구별할 수 있습니다.

발가락
나무줄기에 수직으로 설 때 껍질을 단단히 붙잡을 수 있도록, 발가락은 앞쪽으로 두 개, 뒤쪽으로 두 개가 나 있습니다.

일본딱다구리는 부리로 나무줄기를 쪼아 구멍을 뚫는 딱다구리의 부류로 일본에만 사는 고유종입니다. 평지와 산지, 숲 등에 서식하는데 최근에는 도시 내의 공원에서도 볼 수 있습니다.

독특한 혀의 구조

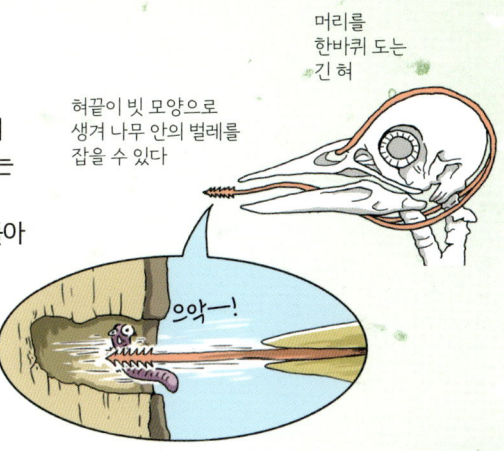

나무에 구멍을 뚫어 그 안의 벌레를 잡아먹는 딱다구리는 혀가 매우 깁니다.
혀는 코에서 머리뼈 뒤를 돌아 입안까지 뻗어 있으며 혀끝은 구멍 속 벌레를 쉽게 잡을 수 있도록 빗 모양으로 생겼습니다.

머리를 한바퀴 도는 긴 혀

혀끝이 빗 모양으로 생겨 나무 안의 벌레를 잡을 수 있다

으악—!

수직으로 서기

눈알을 고정하는 눈꺼풀이 있다

나무줄기에 수직으로 나란히 매달릴 수 있는 것은 딱다구리과 조류의 특기입니다. 꼬리깃 가운데 위치한 두 개의 깃털은 잘 접히지 않을 정도로 단단하기 때문에 꼬리깃을 나뭇가지에 바짝 붙이면 몸을 수직으로 잘 지탱할 수 있습니다.

딱 딱

콱

단단한 꼬리깃과 튼튼하게 잡아주는 다리로 몸을 지탱한다고!

제6장 산골 마을의 들새들

물총새

조강 파랑새목 물총새과
㉻ *Alcedo atthis*
㉼ Common Kingfisher

전체 길이: 약 17cm
분포: 중국·동남아시아·남아시아·유라시아

제6장 산골 마을의 들새들

깃털의 색깔

머리부터 등까지는 청록색, 배는 주황색으로 다양한 색을 갖고 있어 '하늘을 나는 보석'이라 불립니다.

부리

몸에 비해 머리가 크고, 긴 부리를 가지고 있습니다. 수컷은 윗부리와 아랫부리 모두 검정색인 반면 암컷은 아랫부리가 붉은색을 띠고 있어 서로 구별됩니다.

몸은 참새 정도 크기지만 부리가 커서 참새보다 몸집이 커 보입니다. 공중에서 날갯짓하며 한 장소에 머무르다가(호버링 비행) 물속으로 뛰어들거나 물가의 돌 또는 높은 나뭇가지에서 물속으로 뛰어들어 물고기를 잡아먹습니다.

발가락

물총새는 강둑 절벽에 구멍을 뚫고 둥지를 짓습니다. 그 때문인지 발가락 두 개가 중간에 붙어 있어 구멍을 팔 때 삽처럼 흙을 긁어내기 쉽습니다.

유선형 부리

물총새의 부리는 공중에서 물속으로 뛰어들 때 저항 없이 부드럽게 들어갈 수 있도록 날카로우면서도 가늘고 길게 생겼습니다.
이 물총새의 부리 모양은 일본의 초고속철도인 신칸센의 선두 차량이 내는 소음을 줄이는 데 참고가 되었다고 합니다.

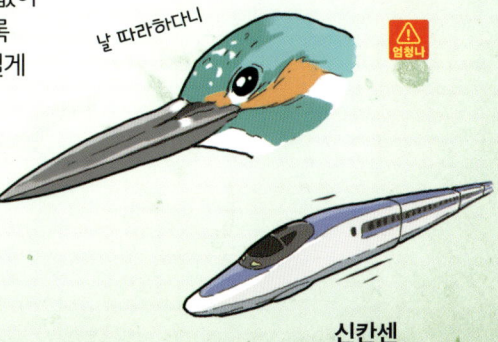

신칸센

꿀벌벌새

조강 칼새목 벌새과
- 학 *Mellisuga helenae*
- 영 Bee Hummingbird

전체 길이: 약 5~6cm
분포: 쿠바

부리
꽃의 꿀을 빨기 위해 부리는 빨대처럼 가늘고 길게 생겼습니다.

날개
날갯짓하기에 필요한 가슴 근육이 몸 전체에서 차지하는 비율은 40%로(인간은 5%, 일반적인 조류는 25%), 가슴 근육을 지탱해 주는 용골돌기도 크게 발달해 있습니다.

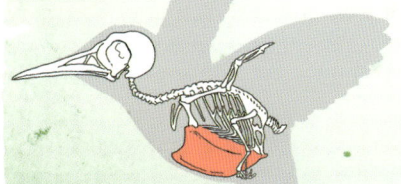

가슴 근육을 지탱하기 위해 발달된 용골돌기

세계에서 가장 작은 새로, 체중은 고작 2g밖에 안 됩니다. 알도 작아서 길이 6mm의 쌀알 크기만 합니다. 1초에 80회나 날갯짓하는 격렬한 운동인 정지 비행(호버링 비행)을 하기 때문에 주로 영양가가 높은 꽃의 꿀을 먹이로 삼습니다.

제6장 산골 마을의 들새들

제 7 장

우리 주변의 새들과 남쪽 나라의 새들

참새

조강 참새목 참새과
[학] *Passer montanus*
[영] Eurasian Tree Sparrow

전체 길이: 약 15cm
분포: 유라시아

부리

부리는 짧고 굵은 편으로 식물의 씨앗을 먹기에 적합합니다.

무리

겨울이 오기 전 참새들은 커다란 무리를 지으며 살아갑니다. 무리를 이루어야 먹이를 찾기도 쉽고, 천적이 다가오는 것도 더 쉽게 알아차리기 때문입니다. 봄이 와 번식기가 다가오면 무리는 흩어지게 됩니다.

깃털의 색

머리와 등이 갈색, 날개는 갈색과 검은색 얼룩, 뺨이 검은색입니다. 수컷은 목의 검은색 모양이 암컷에 비해 큽니다.

유라시아 대륙에 넓게 분포해 있습니다. 우리나라에선 사람이 사는 곳에 서식하는 가장 친숙한 새 중 하나입니다. 주로 풀의 씨앗 등을 먹는 초식성이지만, 새끼를 키우는 시기엔 곤충도 잡아먹습니다.

유럽의 참새

참새는 우리나라에선 도시에 서식하지만 유럽에서는 숲속에서 살고 있습니다. 유럽 도시에는 일반 참새와 다른 종류인 '집참새'가 살고 있습니다. 그런데 먹을 것과 번식지를 둔 경쟁에서 일반 참새들이 체격이 큰 집참새에게 밀리는 일이 발생했습니다. 그래서 유럽에선 일반 참새들이 주로 숲속에 자리잡게 되었다고 합니다.

해조와 익조

참새는 벼 이삭을 먹는 해조(해로운 새)이기도 하고 벼에 붙은 해충을 잡아먹는 익조(이로운 새)이기도 합니다. 과거 중국에서 참새가 벼를 먹어 치워 많은 참새를 없앤 적이 있는데, 그로 인해 메뚜기 등의 해충이 대량 발생해 벼 수확이 크게 줄었다는 이야기가 있습니다.

집비둘기

조강 비둘기목 비둘기과
학 *Columba livia* / 영 Rock Dove

전체 길이: 약 33cm
분포: 전세계 전역

울음소리
'구구구구'하는 낮은 소리로 울음소리를 냅니다.

몸의 색
머리는 짙은 회색, 몸은 옅은 회색, 목은 광택이 도는 녹색 빛을 띠지만, 개체마다 더 다양한 깃털색을 가지고 있기도 합니다.

해로운 새
비둘기는 한 장소에서 생활하는 특성이 있어 소음과 분변 공해를 일으키는 해조이기도 합니다.

집비둘기의 조상격인 야생종 바위비둘기는 북아프리카, 남유럽, 중동, 인도까지 분포하였지만, 현재는 품종 개량을 하면서 전세계적으로 집비둘기가 분포하고 있습니다. 편지를 전달하기 위한 전서구로 이용되기도 했고 현재도 비행경주를 위해 경주용 비둘기로도 개량되고 있습니다.

새끼의 먹이

비둘기는 새끼에게 '소낭유'라고 불리는 우유같이 생긴 분비물을 먹입니다. 소화기관인 '모이주머니'에서 나오는 걸쭉한 액체인데 영양이 가득 담겨 있습니다. 그걸 토해 입으로 직접 새끼에게 먹입니다. 이 '소낭유'는 수컷도 나오기 때문에 부모가 모두 줄 수 있습니다.

식도와 위 사이에 있는 모이주머니

집으로 돌아가는 능력

동물 가운데는 귀소본능이라고 하는, 멀리 이동해도 둥지나 자기 영역 등 원래 있던 곳으로 돌아갈 수 있는 종이 있습니다. 바위비둘기는 귀소본능이 강한데, 그 습성을 이용해 훈련한 비둘기는 '전서구'라 해서 예부터 멀리 떨어진 곳에 편지 등을 전달하는 데 이용되었습니다.

큰부리까마귀

조강 참새목 까마귀과
[학] *Corvus macrorhynchos*
[영] Large-billed Crow

전체 길이: 약 57cm
분포: 한국·일본·중국·동남아시아·러시아 남동부

원래는 숲에 사는 까마귀이지만, 도시에서도 흔히 볼 수 있으며 사람이 내놓은 쓰레기를 뒤지는 것으로 유명합니다. 잡식성이라 뭐든 가리지 않고 먹습니다. 어린 까마귀는 무리 지어 행동하며 어른 까마귀가 되면 기본적으로 암수 한 쌍이 같이 삽니다.

몸의 색

큰부리까마귀는 온몸이 새까매 보이지만 보랏빛이 도는 아름다운 광택이 있습니다.

집단으로 서식

큰부리까마귀는 저녁 무렵이 되면 한곳에 모여 큰 집단을 이뤄 숲에서 잠을 잡니다.

제7장 우리 주변의 새들과 남쪽 나라의 새들

높은 지능 ⚠️

까마귀과 조류는 지능이 높은 것으로 알려져 있습니다. 큰부리까마귀는 도로에 딱딱한 호두 열매를 내려놓고서 달리는 차를 이용해 깨트려 먹습니다. 뉴칼레도니아까마귀는 가늘고 긴 나뭇가지로 만든 도구를 이용해 나무 구멍에 있는 유충을 잡아먹기도 합니다.

빠각!

후후훗, 계획대로 됐어

둥지

나무 위에 가지를 모아 둥지를 짓는 습성이 있는데 도시에서 번식하는 큰부리까마귀는 금속제 옷걸이를 이용해 둥지를 짓습니다. 금속제 옷걸이는 가지 등에 걸기 쉽고 튼튼하기 때문에 그걸 둥지의 기초로 삼은 뒤 둥지 안에는 풀이나 나무껍질, 털 등 부드러운 재료를 깔아 그곳에 알을 낳습니다.

정전? 내 알 바 아니지

옷걸이의 금속 부분이 전선에 닿아 정전을 일으키기도 한다

기분 나쁜 존재?

까마귀는 새까만 몸 색깔과 울음소리로 인해 서양과 동양 양쪽에서 기분 나쁜 존재로 인식되어 왔습니다. 하지만 우리나라에는 '삼족오'라는 전설 속의 새가 있으며, 고대 이집트에서는 '태양의 화신'으로 여기는 등 까마귀는 신의 사자나 화신으로 여겨지기도 했습니다.

제7장 우리 주변의 새들과 남쪽 나라의 새들

제비

조강 참새목 제비과
학 *Hirundo rustica* / 영 Barn Swallow

전체 길이: 약 17cm
분포: 우리나라를 포함한 북반구 전역

꼬리깃
양쪽으로 갈라져 있습니다.

날개
비행에 적합한, 끝이 뾰족하고 긴 날개를 갖고 있습니다.

친근한 새 중에서 하늘을 나는 실력이 가장 뛰어나 공중에서 곤충을 잡기도 하고 날면서 물을 마시기도 합니다. 둥지는 집 처마 아래에 주로 짓습니다. 인간 곁에 둥지를 지어 뱀이나 까마귀 같은 천적을 피하는 것일지도 모릅니다.

⚠ 사람 옆이 안전

까마귀나 때까치 등

뱀이나 고양이 등

알락할미새

조강 참새목 할미새과
학 *Motacilla alba* / 영 White Wagtail

전체 길이: 약 21cm
분포: 유라시아·북아프리카

몸의 색

알락할미새는 머리부터 등이 회갈색,
배가 흰색, 얼굴은 흰색에
부리 안쪽부터 눈을 지나 머리 뒤까지
검은색 띠가 있습니다.

꼬리깃

꼬리깃은 길며
위아래로 잘 흔듭니다.

긴 꼬리깃이 특징인 할미새 부류입니다.
도시에서 흔히 볼 수 있으며 경계심이
약해 사람이 가까이 다가와도 개의치
않습니다. 하천이나 계곡 등 물가에서
자주 관찰되고 번식기가 되면 돌 틈
사이에 둥지를 짓습니다.

제7장 우리 주변의 새들과 남쪽 나라의 새들

도시로 가자

때까치

조강 참새목 때까치과
학 *Lanius bucephalus*
영 Bull-headed Shrike

전체 길이: 약 20cm
분포: 한국·일본·중국 남동부·러시아 남동부

부리
부리 끝이 독수리나 매처럼 날카롭게 굽어 있습니다.

울음소리
휘파람새나 종다리 등 다른 새의 울음소리를 잘 흉내냅니다.

작은 맹금류라고 하는 때까치는 개구리나 도마뱀, 곤충을 잡아 나뭇가지에 꽂아놓고 저장하는 습성을 지니고 있어 외국에서는 '푸줏간새'라고도 부릅니다. 이런 습성은 수컷이 암컷에게 영양을 공급하기 위한 구애전략 중 하나라는 사실이 밝혀지기도 했습니다.

때까치의 저장

메추라기

조강 닭목 꿩과
- 학 *Coturnix japonica*
- 영 Japanese Quail

전체 길이: 약 20cm
분포: 한국·일본·중국·동남아시아·중앙아시아·러시아 동부

체형
몸은 땅딸막하고 동그라며 꼬리깃이 짧은 것이 특징입니다.

몸의 색
꿩과에 속한 조류는 수컷의 색이 화려한데 메추라기는 수컷과 암컷 모두 수수한 색을 갖고 있습니다.

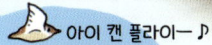
아이 캔 플라이―♪

⚠ 엄청나 사실은 철새

꿩과에 속한 조류로 그중에서는 유일하게 바다를 넘는 철새입니다.
가축으로 사육되는 새이기도 한데 일본이 최초로 길들였다고 합니다.
야생 상태의 메추라기는 그 수가 많이 줄고 경계심이 강한 탓에 야생에서 관찰하는 것이 매우 어렵습니다.

제7장 우리 주변의 새들과 남쪽 나라의 새들

닭

조강 닭목 꿩과
- *Gallus gallus domesticus*
- Chicken

전체 길이: 약 70cm
분포: 동남아시아(원산)

볏
머리에 달린 빨간 볏과 아래 부리 안쪽부터 늘어져 있는 빨간 주름(육수)은 피부가 발달한 것으로, 수컷이 더 큽니다.

울음소리
아침에 '꼬끼오'하고 큰 소리로 우는 것은 영역을 주장하기 위한 것과 암컷에게 어필하기 위한 행동이라고 합니다.

며느리발톱
수컷에겐 뒤로 향한 발가락 위에 피부가 발달하여 생긴 발톱 모양의 돌기가 있습니다. 이를 며느리발톱이라고 부르는데, 이것은 꿩과의 새들에게서 볼 수 있는 것으로, 수컷끼리 싸울 때 사용됩니다.

꿩과에 속한 조류로 동남아시아의 열대우림에서 살던 '적색야계"를 약 5,000년 전쯤 인도에서 처음으로 가금화한 것이 닭의 기원으로 생각됩니다. 품종 개량이 이뤄져 살과 알을 생산하는 가축(가금)으로 사육되고 있습니다.

알의 생산

새가 한 번에 낳는 알의 개수는 종류에 따라 정해져 있습니다. 알바트로스는 한 개, 큰부리까마귀는 두 개에서 다섯 개의 알을 낳습니다. 하지만 꿩과인 닭은 갓 낳은 알을 잃어버리면 보충하듯이 새로 알을 낳는 습성을 가지고 있습니다. 사육되는 닭은 이 습성을 이용해 거의 매일 한 개의 알을 낳게 됩니다.

다양한 품종

닭은 다양한 용도로 이용하기 위해 품종 개량이 이뤄졌습니다. 가장 유명한 품종인 백색 레그혼이나 로드아일랜드레드종은 고기와 알을 얻기 위해, 약용과 식용을 위해 오골계 품종이, 싸움닭으로 이용하기 위해 샤모종이, 관상용 품종으로 장미계, 멋진 울음소리를 듣기 위해 장명계 등으로 각각 개량되었습니다.

집오리

조강 기러기목 오리과
[학] *Anas platyrhynchos domestica*
[영] Domestic Duck

전체 길이: 약 70cm
분포: 중국·유럽(원산)

부리
평평한 부리로 수면이나 물속의 작은 먹이를 놓치지 않고 잡을 수 있습니다.

식성
잡식성에 대식가여서 물이 많은 논에 풀어놓고 수초나 해충을 구제하는 농법에 이용됩니다.

제7장 우리 주변의 새들과 남쪽 나라의 새들

물갈퀴
다리는 노란색으로 큰 물갈퀴를 갖고 있습니다.

집오리는 야생의 청동오리를 가축화한 것입니다. 야생 청동오리를 가금화한 것은 약 4,000년전 중국에서 시작된 것으로 추정됩니다. 물오리를 길들여 가축으로 삼는 과정에서 몸이 크고 무거워지고 날개가 작아져 잘 날지 못하게 되었다고 합니다.

집오리의 품종 ⚠️ 엄형나

집오리도 품종이 다양합니다. 중국에서 가축화된 베이징종 오리는 베이징덕이란 요리로 알려진 품종입니다.
집오리 중에서도 전체 길이 30cm가량에 반려동물로 인기 있는 콜덕, 달리는 게 특기인 인디언러너덕 등이 있습니다.

집오리의 원종, 청둥오리
콜덕
베이징종오리
인디언러너덕

가축이 된 새

집오리와 비슷한 가축이 된 새로 거위가 있습니다.
야생 기러기를 길들인 것으로 집오리의 생김새와 다른 점은 부리에 혹이 있다는 것입니다.
거위에게서 알을 얻거나 식용으로 쓰기도 하는데 특히 강제적으로 간(푸아그라)을 키우기 위해 사육하는 것으로 유명합니다.

원종 야생의 기러기
집오리
거위

민물가마우지

조강 가다랭이잡이목 가마우지과
- 학 *Phalacrocorax carbo*
- 영 Great Cormorant

전체 길이: 약 81cm
분포: 유라시아·아프리카·뉴질랜드·오스트레일리아·북아메리카 등

다리
다리는 몸의 뒤편에 위치하고, 커다란 물갈퀴가 달린 발이 있어 잠수를 잘 합니다.

깃털 ⚠ 엄청나
물 속 깊이 잠수하기 위해 깃털에는 기름성분이 적어 물에 잘 젖습니다.

빨리 말라라~

잠수가 특기인 가마우지는 호수나 강 등에 잠수해 주로 생선을 잡아먹습니다. 예전에는 우리나라에 겨울철 찾아오는 겨울철새였지만 지금은 우리나라 거의 전역에서 번식을 하는 텃새로 바뀌었습니다. 큰 무리가 집단을 이루며 나무 위에 둥지를 틀고 번식하기 때문에 많은 나무가 고사되는 등 피해를 주기도 합니다.

사랑앵무

조강 앵무목 목도리앵무과
학 *Melopsittacus undulatus*
영 Budgerigar

전체 길이: 약 20cm
분포: 오스트레일리아

반려동물로 많이 사육되는 작은 새로 품종이 개량되어 다양한 색을 자랑합니다. 야생종은 오스트레일리아의 건조한 지역에서 서식하며, 식물의 씨앗이나 열매를 먹습니다.
번식기 외에는 무리를 지어 사는데 물가에서는 수천 마리의 큰 무리를 이루기도 합니다.

흉내내기 ⚠️ 엄청나

사람을 잘 따르는 사교적인 새입니다. 인간의 말과 전자음 등을 잘 흉내냅니다.

제7장 우리 주변의 새들과 남쪽 나라의 새들

부리

부리가 시작되는 납막(윗부리 주변 피부)은 통통한 생김새를 갖는데 수컷은 파란색, 암컷은 흰색이 섞인 갈색을 띠어 서로 구별됩니다.

암컷

수컷

벚꽃모란앵무

조강 앵무목 앵무과
- 학 *Agapornis roseicollis*
- 영 Rosy-faced Lovebird

전체 길이: 약 15cm
분포: 아프리카 남서부

발
앞을 보는 두 개, 뒤를 보는 두 개의 발가락이 있습니다. 이것은 앵무새들의 공통적인 특징입니다.

둥지
둥지의 재료를 가늘고 길게 잘라 허리에 꽂아 나르는 습성이 있습니다.

⚠️ 엄청나

야생 종은 아프리카 나미비아 사바나 산림지대에 서식하고 이른 아침이나 오후 무렵 선선한 기온에 활동하며 주로 풀씨나 열매를 먹습니다. 반려동물로 좋아하는 대상(새, 사람을 가리지 않고)에게 몸을 바짝 붙여 애정을 표현하기 때문에 '사랑새(러브버드)'라고도 불립니다.

부비부비

금강앵무

조강 앵무목 앵무과
학 Ara macao / 영 Scarlet Macaw

전체 길이: 약 90cm
분포: 중앙아메리카·남아메리카

부리

큰 부리로 야자 같은 딱딱한 나무 열매 껍데기를 부술 정도로 강한 턱을 갖고 있습니다.

얼굴

뺨에는 깃털이 없어 피부의 하얀 색이 그대로 드러납니다.

앵무새 종류 가운데 가장 큰 새입니다. 아마존 정글에 살며 나무 열매나 과일 등을 먹습니다. 광택 도는 선명한 색의 깃털을 갖고 있어 '금강석' 즉 다이아몬드처럼 아름답다고 해서 금강앵무라 불립니다.

난 앵무라고

'잉꼬'란 일본어로 앵무새를 가리키는 말

앗, 잉꼬다

제7장 우리 주변의 새들과 남쪽 나라의 새들

LC NT VU EN CR EW EX

왕관앵무

조강 앵무목 관앵무과
[학] *Nymphicus hollandicus* / [영] Cockatiel

전체 길이: 약 32cm
분포: 오스트레일리아

몸집이 작은 앵무새 종류입니다. 야생종은 건조한 초원에 서식합니다. 학명에 '님프(Nymph, 젊고 아름다운 여성)'란 이름이 붙은 것처럼 뺨의 오렌지색 동그란 모양이 특징인 아름다운 새입니다. 사람을 잘 따라 반려동물로 많이 사육됩니다.

머리깃

흥분하거나 긴장하면 곤두서고 진정되면 눕습니다.

성격

겁이 많고 외로움을 잘 타며, 사람을 잘 따르는 성격입니다. 사람이 보이지 않으면 소리를 내어 부르기도 합니다.

머리깃이 있다
관앵무과
⚠️ 엄청나
앵무과

앵무과는 머리에 깃이 없으며, 깃털 색상이 화려하고 언어 능력이 뛰어납니다. 반면 관앵무과는 머리깃으로 감정 표현이 가능하며, 깃털 색이 비교적 단순하고 소리가 크며 애정이 많습니다. 둘 모두 앵무목에 속하지만, 외형과 성격 차이가 뚜렷합니다.

문조

조강 참새목 납부리새과
- 학 *Padda oryzivora*
- 영 Java Sparrow·Ricebird

전체 길이: 약 14cm
분포: 인도네시아

몸의 색
머리는 검고 몸은 회색, 배는 붉은 기가 도는 색을 갖고 있습니다. 뺨은 하얗고 눈 주변이 붉습니다.

부리
광택이 도는 붉은색입니다. 딱딱한 식물의 씨앗을 먹기 때문에 매우 크고 굵은 부리를 갖고 있습니다.

제 7 장 우리 주변의 새들과 남쪽 나라의 새들

사람을 잘 따라 반려동물로 많이 키우는 친숙한 새입니다. 동남아시아에 있는 야생 문조는 큰 부리로 식물의 종자 등을 먹습니다. 특히 벼 이삭을 좋아해 농사를 방해한다고 해서 사냥과 서식지 파괴로 멸종위기에 처하게 되었습니다. 먹이 습성때문에 '라이스버드(벼새)'라고도 불립니다.

벼 이삭을 먹는 라이스버드

LC NT VU EN CR EW EX

카나리아

조강 참새목 되새과
- 학 *Serinus canaria*
- 영 Atlantic Canary

전체 길이: 약 12.5~13.5cm
분포: 스페인령 카나리아 제도·포르투갈령 아조레스 제도 등

대서양의 카나리아 제도에 서식하는 새이지만, 16세기 초에 유럽에 가져와 사육하게 되었습니다.

울음소리

카나리아는 울음소리가 다양한 것으로 유명하며 아름답게 지저귀는 품종도 만들어졌습니다.

⚠️ 엄청나

민감한 호흡기

19세기 유럽 광부들은 탄광에 들어갈 때 카나리아를 새장 안에 넣어 데려갔습니다. 카나리아는 메탄가스나 일산화탄소같은 독가스에 매우 민감해서 카나리아가 울지 않거나 행동이 둔해지면 독가스가 있다고 판단해 밖으로 대피했다고 합니다.

위험한가
난 독가스 탐지기가 아니라고
...
독가스가 있으면 울지 않는다

제7장 우리 주변의 새들과 남쪽 나라의 새들

어깨걸이극락조

조강 참새목 극락조과
- 학 *Lophorina superba*
- 영 Greater Lophorina

전체 길이: 약 26cm
분포: 뉴기니

몸의 색

주변의 모든 빛을 흡수한 것처럼 아주 새까만 검정색 깃털을 갖고 있으며 눈 위와 가슴에는 광택이 도는 화려한 파란색 깃털을 갖고 있습니다.

극락조과의 새

극락조과의 새는 등에 커다란 장식깃을 가진 큰극락조, 갈라진 고사리 모양의 꼬리깃을 가진 윌슨극락조 등 다양한 종류가 있습니다.

평상시
아가씨, 나 좀 봐봐
구애할 때
정면에서 본 모습

암컷 앞에서 가슴의 선명한 파란색 장식깃과 목 주변의 검은 깃을 타원형이나 부채꼴로 펼치고 경쾌하게 구애의 춤을 춥니다. 새까만 몸과 레몬색 입안, 가슴과 눈썹의 파란 깃을 돋보이게 하는데, 그 모습을 정면에서 보면 커다란 얼굴처럼 보이기도 합니다.

제7장 우리 주변의 새들과 남쪽 나라의 새들

왕부리새

조강 딱다구리목 왕부리새과
- 학 *Ramphastos toco*
- 영 Toco Toucan

전체 길이: 약 55~61cm
분포: 브라질·아르헨티나

몸의 색

몸은 전체적으로 검은색이며, 얼굴과 목 부분은 흰색이며 선명한 주황색 부리를 가진 아름다운 새입니다.

부리 ⚠️ 엄청나

거대한 부리 내부로 혈관이 촘촘하게 지나가는데, 혈액이 부리를 통과하면서 체온을 조절합니다.

화려하고 거대한 부리를 가진 왕부리새과 조류 중에는 부리 길이가 20cm가 넘는 새도 있습니다. 부리가 무척 크지만 그 안은 스펀지처럼 생겨서 무게는 고작 15g 정도밖에 안 되기 때문에 균형을 잃거나 나는 데 지장을 주지 않습니다.

커다란 부리는 뛰어난 냉각 효과를 자랑한다

코뿔새

학 *Buceros rhinoceros*
영 Rhinoceros Hornbill

몸의 생김새

대부분 검정색이고, 배에 하얀색 깃털이 있으며, 꼬리깃은 흰색 털이 있고 검은 줄무늬가 있습니다. 부리와 머리 위에 있는 캐스크는 주황색입니다.

부리

캐스크(casque)는
부리 바로 위에 있다
캐스크(casque)는
뿔처럼 돌출되어 있고
내부가 스펀지와
같은 물질로 채워져
있어 가벼운 편입니다.

부리는 길며
끝부분이 살짝 휘어 있다

동남아시아에 널리 분포한 코뿔새 머리 위에 '캐스크(casque)'가 불리는 뿔 모양이 자라 있는 것이 특징입니다. 뿔은 크기 15cm 이상 자라기도 합니다. 이아 부리를 상하좌우로 돌리거나 벌릴 수 있습니다. 캐스크는 나무 위 먹이를 찾아먹는 동기 등용으로 사용됩니다. 극 유아나무 등을 찾아 옮겨 다닙니다. 그래서 서식지 숲이 줄어들고 밀렵까지 늘어 개체수 등 줄고 있습니다.

전체 길이: 약 80~90cm
분포: 말레이시아·태국(등록)·
인도네시아 (수마트라섬, 자바섬,
보르네오섬)

LC NT VU EN CR EW EX

넓적부리황새

조강 사다새목 넓적부리황새과

학 Balaeniceps rex / 영 Shoebill

전체 길이: 약 120cm
분포: 아프리카 중부
먹이: 어류가 중심

분류

끝이 갈고리 모양이고 마치 신발처럼 생긴 부리 때문에 '슈빌(Shoebill)'이라는 영어 이름이 붙여져 있습니다.

생태

수심이 조금 낮고 장글을 가까이 때까지 우거진 습지에 사식합니다. 움직임이 적고 가만히 서 있다가 수면에 떠오른 용폐붕이나 물고기를 대형 부리로 덥석 잡아먹습니다. 다른 넓적부리황새가 시야에 들어오면 부리를 마주 부딪쳐서 '클래터링(clattering)'을 합니다.

채터리포 공지기

클그닥 클그닥 클그닥 클그닥

알기

부리가 종에 따라 특이한 형태를 갖고 있어서 부리 모양이 다른 번식 집단과는 잘 섞이지 않습니다.

쿠바홍학

조강 홍학목 홍학과
학 *Poenicopterus ruber*
영 American Flamingo

전체 길이: 약 120~145cm
분포: 갈라파고스 제도,
아메리카 북부

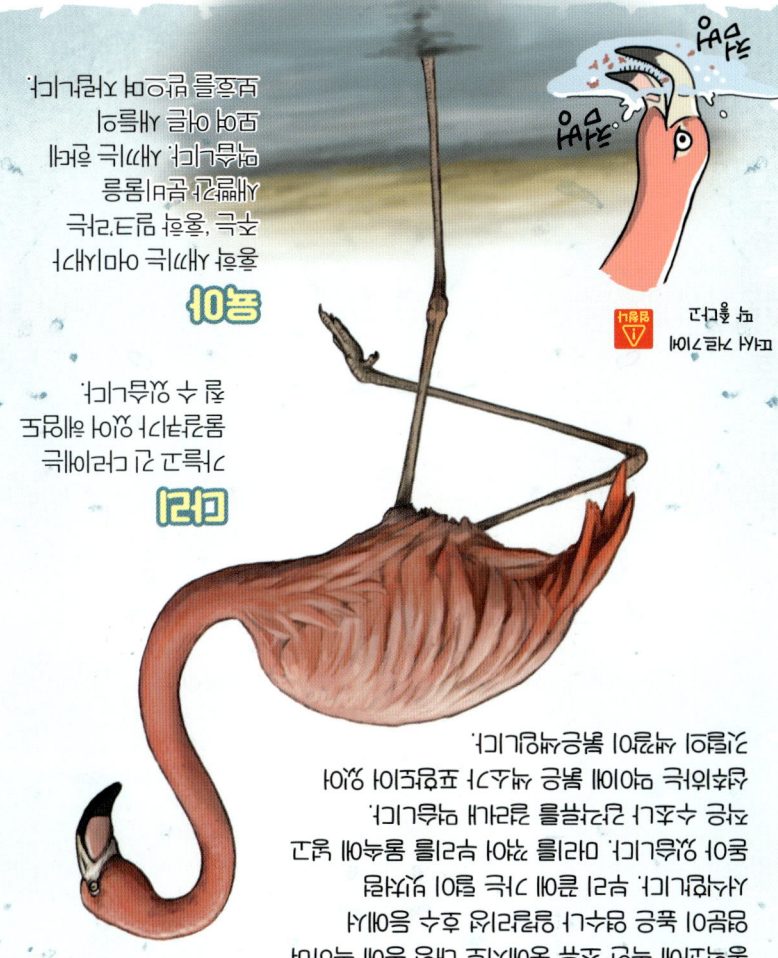

멸종위기등급

쉽게 찾아보기

몸이 붉은색을 띠는 큰 새로, 대열을 지어 수면 위를 낮게 날아다니며 이동합니다. 다른 홍학과 같이 가는 다리와 긴 발가락이 있어 물에서 잘 걸을 수 있으며, 머리를 거꾸로 하여 물속에 넣고 부리를 좌우로 움직여 작은 수초나 무척추동물, 곤충 등을 걸러 먹습니다. 물속에 있는 먹이를 구분하기 위해 표면이 거칠고 가시가 밀집해 있습니다.

다리
가늘고 긴 다리이든 곤봉류가 살고 있어도 헤엄칠 수 있습니다.

몸
홍학 가시마다 홍학 새끼는 흰색, 붉은 딸기처럼 붉은빛이 없습니다. 자라면서 새들은 먹이에 따라 몸 흐름을 빨갛게 만듭니다.

꿀꺽
꿀꺽

새들의 엉뚱하고 기발한 삶

꼴, 깃털 색, 맛, 이상한 새

초판 1쇄 인쇄 2025년 8월 15일
초판 1쇄 발행 2025년 8월 25일

지은이 가와사키 사토시
옮긴이 박제이
한국어판 감수 윤무부
감수협력 이수연

펴낸이 이정원
펴낸곳 이은북
출판등록 2015년 12월 14일 제2015-000363호
주소 서울 마포구 동교로12안길 16, 삼성빌딩B 4층
이메일 book@eeuncontents.com
홈페이지 www.eeuncontents.com
인스타그램 @eeunbook

책임편집 황윤정 | 디자인 김정진
제작영업 황세정 | 마케팅 이은콘텐츠 | 인쇄 스크린그래픽

© Satoshi Kawasaki, 2025
ISBN 979-11-91053-50-0 (76490)

- 이은북은 이은콘텐츠주식회사의 출판브랜드입니다.
- 이 책에 실린 글과 이미지의 무단전재 및 복제를 금합니다.
- 이 책 내용의 전부 또는 일부를 재사용하려면 반드시 출판사의 동의를 얻어야 합니다.
- 책값은 뒤표지에 있습니다.
- 잘못된 책은 구입하신 서점에서 바꾸어 드립니다.

주요 참고 자료

- 『Handbook of the Birds of the World』(LYNX NATURE BOOKS)
- 「환경성 포유류·조류 레드 리스트」(일본사단법인 일본조수보호협회)
  2024년 3월 공시 https://ornithology.jp/jinkai/mokuroku/index.html
- 「IUCN 레드리스트」(국제자연보전연맹) http://www.iucn.jp/program/redlist/